KEGLER/PRENGEL
DIE MONTESSORI-GESAMTSCHULE IN POTSDAM

SCHULPORTRAITS
BAND 1

herausgegeben von
Anne Knauf, Annedore Prengel und Uwe Sandfuchs

Wer die Bildungsqualität in Deutschland steigern will, muss den Stellenwert der Einzelschule im Rahmen von Bildung und Erziehung neu bestimmen. Die mit dem vorliegenden Band startende Reihe „Schulportraits" soll die Bandbreite pädagogischer Profile an repräsentativen Beispielen dokumentieren und untersuchen, wie sie sich an Schulen im deutschen Sprachraum in den letzten Jahren herausgebildet hat.
Pädagoginnen und Pädagogen aus Wissenschaft und Praxis präsentieren hierfür Erkenntnisse aus ihrer Alltags- und Forschungsarbeit an Reformschulen. Die dargestellten Schulportraits zeigen u.a. Kinder und Jugendliche in innovativem schulischen Kontext, das Gefüge institutioneller Bedingungen, die Umsetzung visionärer pädagogischer Ideen, konkrete Handlungsweisen, die zu erfolgreicher Reformarbeit führen sowie die dabei sich entwickelnden Prozesse einschließlich ihrer Krisen. Ergänzt werden die Schulportraits durch einen wissenschaftlichen Kommentar, der das Beispiel aus der Außenperspektive im Kontext der allgemeinen Reform des Schulwesens diskutiert.

DIE MONTESSORI-GESAMTSCHULE IN POTSDAM
Weiterentwicklung eines Reformkonzepts

von

Ulrike Kegler und Annedore Prengel

Mit einem Nachwort von Hartmut Alphei und Jörg-W. Link

KLINKHARDT

2003

VERLAG JULIUS KLINKHARDT • BAD HEILBRUNN/OBB.

Die Publikation erfolgt im Rahmen des Schulversuchs
„Montessori-Pädagogik in der Primarstufe und der Sekundarstufe I
an der Montessori-Gesamtschule Potsdam“,
der durch das Ministerium für Bildung, Jugend und Sport
des Landes Brandenburg gefördert wird.

Die Deutsche Bibliothek – CIP-Einheitsaufnahme

Ein Titelsatz für diese Publikation ist bei
der Deutschen Bibliothek
erhältlich.

Gesamtherstellung: WB-Druck, Rieden
Printed in Germany 2003.
Gedruckt auf chlorfrei gebleichtem alterungsbeständigem Papier
ISBN 3-7815-1293-2

Einleitung

Die Montessori-Gesamtschule in Potsdam ist eine staatliche Regelschule mit Schulversuch im Auftrag des Ministeriums für Bildung, Jugend und Sport des Landes Brandenburg. Die Schule umfasst die Klassen 1–10. Die Kinder und Jugendlichen als individuelle Persönlichkeiten mit ihren seelischen, geistigen, körperlichen und sozialen Beziehungen zur Welt anzuerkennen und zu begleiten ist wichtigstes Ziel der Pädagogik dieser Schule.

Die Montessori-Gesamtschule hat ein reformpädagogisches Profil, das Altersmischung, gemeinsames Lernen von Kindern mit und ohne Behinderungen, innovative Didaktik, verbale Beurteilung und, wie der Name sagt, eine Orientierung an der Montessori-Pädagogik umfasst. Die Schule wird wissenschaftlich begleitet. Im Auftrag des Ministeriums für Bildung, Jugend und Sport des Landes Brandenburg untersuchen Wissenschaftlerinnen und Wissenschaftler neue Formen alltäglicher Leistungsdokumentation und verbaler Leistungsbeurteilung sowie Möglichkeiten der Altersmischung.

Das vorliegende Schulportrait informiert über die Ziele der Schule und die einzelnen Aspekte des pädagogischen Profils. Es gibt Einblick in den Alltag der Schülerinnen und Schüler sowie der Lehrerinnen und Lehrer. Rahmenbedingungen der Arbeit der Schule wie Gebäude, Räume, Hof und Garten, Kooperationspartner, Wissenschaftliche Begleitung und historische Hintergründe werden vorgestellt. Die Bedeutung der Montessori-Gesamtschule in Potsdam im Transformationsprozess des ostdeutschen Bildungswesens, im Spektrum der wenigen anderen vergleichbaren Reformschulen auf bundesweiter Ebene wird dargelegt; an inter-nationale Entwicklungen wird angeknüpft. Im letzten Teil reflektieren die Autorinnen Stärken und Schwächen sowie die Zukunftsperspektiven der Schule.

Angesichts der Debatten um die Pisa-Ergebnisse (Baumert u. a. 2001) gewinnt der Potsdamer Schulversuch neue aktuelle Bedeutung, denn hier sind einige Eckpunkte der erfolgreichen skandinavischen Schulsysteme verwirklicht: Gemeinsames lernen aller Kinder bis Klasse 10, späte Leistungsdifferenzierung in einigen Fächern, Bewertung mit Noten erst ab Klasse 8 und eine an den Kindern und Jugendlichen orientierte Erziehung durch und zu Selbsttätigkeit. Im hier vorliegenden Schulportrait wird dargelegt, wie diese integrative und freiheitliche Didaktik – ähnlich wie in den international erfolgreichen Ländern – kombiniert wird mit verbindlicher Orientierung an transparenten und individualisierten Leistungs-zielen. Es ist Gegenstand des Schulversuchs dazu praktikable Instrumente zu entwickeln.

Das Buch richtet sich an alle pädagogisch Interessierten, an Eltern ebenso wie an in Schulen, Schulleitung, Schulverwaltung und Hochschulen tätige Fachleute. Autorinnen sind die Schulleiterin (Ulrike Kegler) und eine Erziehungswissenschaftlerin, die den Schulversuch von Anfang an begleitet hat (Annedore Prengel); wir beschreiben und analysieren den Schulversuch sowohl aus einer Innenperspektive der kontinuierlichen alltäglichen Erfahrungen als auch aus einer kritisch reflektierenden Außenperspektive. Für dieses Schulportrait haben die Autorinnen neben einschlägigen erziehungswissenschaftlichen und interdisziplinären Publikationen ihre pädagogischen und wissenschaftlichen Tagebücher, Konferenz- und Workshopprotokolle, Projektdokumentationen und Handreichungen der Schule ausgewertet. Außerdem werden hier in Auszügen Protokolle aus Teilnehmenden Beobachtungen, einige Erfahrungsberichte von Lehrerinnen, Eltern und Schülern und verbale Zeugnisse dokumentiert. Fotos ermöglichen Einblicke in die Praxis des Unterrichts und des Schullebens. Wir

informieren mit dieser Studie allgemein über Profil und Erfahrungen einer Reformschule, aus deren Arbeit in nächster Zeit Untersuchungen zu einzelnen Aspekten erscheinen werden (vgl. Punkt 6 Schulversuch und wissenschaftliche Begleitung).
Um in diesem Schulportrait auch einen kritisch analysierende Kommentar zur Entwicklung der Montessori-Schule Potsdam von weiter außen stehenden hinzuzufügen, schließt es mit einem Nachwort von Hartmut Alphei und Jörg Link.
Wir danken allen, ohne die dieses Schulportrait nicht zustande gekommen wäre, dazu gehören Dr. Steffen Schmidt, Anne Knauf, Uta Marini, Elfie Rahn, ein großer kritischer Freundeskreis und vor allem die Schülerinnen und Schüler, die Lehrerinnen und Lehrer, die Eltern, die alltäglich Schulreform mit all ihren Widersprüchen realisieren.

1. Pädagogische Konzeption

1.1 Ziele

Für die Pädagogik der Montessori-Gesamtschule sind die Werte einer humanen Schule in der Demokratie wegweisend. In der im schulischen Alltag oft unvollkommenen und widersprüchlichen Arbeit gibt dieses Ziel Kindern und Erwachsenen Orientierung. Das für Demokratien grundlegende Spannungsverhältnis zwischen Vision und Realität hält auch die Entwicklung dieser Schule in Bewegung. Die Lehrkräfte stellen sich der Aufgabe jedes einzelne Kind in seiner individuellen und sozialen Entwicklung anzuerkennen, zu fördern und zu fordern. Mit der Wertschätzung der Einzelpersönlichkeit geht die Wertschätzung sozialer Lebenszusammenhänge einher. Die Arbeit an der Balance von Individualität und Gemeinsamkeit sowie an der Balance von Offenheit und Struktur ist grundlegend für alle konkreten Vorhaben. Die Schule bemüht sich darum, die Kräfte der Selbstachtung und Selbstentwicklung zu entfalten und zugleich die Fähigkeit zur Anerkennung der Anderen und zur Verantwortung zu fördern.
Mit den genannten Zielen strebt die Montessori-Gesamtschule in Potsdam an, Kindern und Jugendlichen so weit wie möglich eine erfüllte Gegenwart zu eröffnen und sie auf die Zukunft vorzubereiten. Die Qualität zukünftiger Lebens- und Arbeitswelten wird auch davon abhängen, ob Schlüsselqualifikationen wie Kreativität, Flexibilität, vernetztes Denken, Kooperations- und Politikfähigkeit ausgebildet werden (vgl. z. B. Vester 1995; Toffler 1994). Bildung und Erziehung sollen so gestaltet werden, dass in allen Bereichen schulischen Wissens fachliche Kompetenz und interdisziplinäre Schlüsselqualifikationen erworben werden können.
Angesichts aktueller rechtsradikaler Tendenzen, die sich besonders bei Jugendlichen ausbreiten, kommt der Erziehung zur Demokratie besondere Bedeutung zu. In dieser Schule bilden Selbstbestimmung und wechselseitiger Respekt unabhängig vom Leistungsstand den programmatischen Kern des alltäglichen schulischen Lernens. Darin liegt ihr zentraler, auch für andere Schulen – so hoffen wir – wegweisender Beitrag zu einer demokratischen Erziehung und zur Gewaltfreiheit.
Das Schulkonzept befindet sich im Einklang mit den demokratischen Intentionen des Brandenburgischen Schulgesetzes (1996) sowie den Empfehlungen führender pädagogischer

Fachverbände und Gutachten, so z. B. Arbeitskreis Grundschule 1994, Faust-Siehl u. a. (1996), Bildungskommission von Nordrhein-Westfalen (1995).

1.2 Altersmischung und Stufenkonzepte

Die Montessori-Gesamtschule in Potsdam bietet ihren Schülern die Möglichkeit, von Klasse 1 bis Klasse 10 *eine* Schule zu besuchen. Von Klasse 1 bis Klasse 8 lernen die Kinder in altersgemischten Gruppen. Die altersgemischten Lerngruppen werden aus zweimal drei und einmal zwei Jahrgangsstufen zusammengesetzt. Die Klassen 9 und 10 arbeiten ohne Jahrgangsmischung. Die Montessori-Gesamtschule konnte an eine Tradition reformpädagogischer Schulen wie der Reformschule Kassel oder der Laborschule Bielefeld sowie der „Polytechnischen Oberschule" der DDR anknüpfen und eine Schule für junge und ältere Schüler/innen aufbauen, die eine 10jährige gemeinsame Schulzeit ohne vorzeitige Selektion erleben können. Schüler und Schülerinnen im Alter von 6 bis 16 Jahren lernen unter einem Dach. Dies ist Teil des pädagogischen Programms. Die Hierarchisierung der Stufen in den meisten deutschen Schulen, nach der mit aufsteigendem Alter der Glaube an die Wichtigkeit schulischer Inhalte exponential steigt, halten wir für falsch. Gerade in der Pubertät haben Jugendliche oft einen unverwechselbaren Umgang mit kleinen Kindern, und jüngere Schüler/innen können viel aus Bewunderung und Nachahmung, aber auch aus Distanzierung und Kritik lernen. Die Pflege des Kontakts zwischen jüngeren und älteren Schülern soll dazu beitragen, Dominanz auf der einen und Angst auf der anderen Seite, die es natürlich auch an dieser Schule gibt, zu vermindern. Der Aufbau der altersgemischten und der altersgleichen Klassen stellt sich im Überblick wie folgt dar:

Primarstufe Gruppe I:	Schuljahre 1, 2, 3
Primarstufe Gruppe II:	Schuljahre 4, 5, 6
Sekundarstufe Gruppe III:	Schuljahre 7, 8
Sekundarstufe Gruppe IV:	Schuljahr 9
Sekundarstufe Gruppe V:	Schuljahr 10

Lernen in altersgemischten Gruppen ist möglich durch die Methoden der Freiarbeit und Projektarbeit, denen in dieser Schule viel Zeit gewidmet wird (vgl. Punkt 1.4). Die reformpädagogische Didaktik ermöglicht, dass alle Schülerinnen und Schüler auf ihrem persönlichen Niveau effektiv lernen können. Dieser Vorteil ist aufs engste verknüpft mit den Chancen sozialen Lernens in der heterogenen Gruppe, denn die Kinder üben alltäglich, sowohl von denen, die weiter sind, zu lernen, als auch ihr Wissen an andere weiterzugeben; sowohl Hilfe anzunehmen als auch zu helfen.

Die in die Primarstufe neu aufgenommenen Schulanfänger kommen in ein bestehendes soziales Gefüge und lernen ungezwungen die geltenden Regeln von den Älteren. Aus der Rolle der Kleinsten wachsen sie im Laufe der drei Jahre ihrer Zugehörigkeit zur Stammgruppe in die Rolle der älteren Schüler. Auf diese Weise erhält jedes Kind die Chance, sehr unterschiedliche Erfahrungen im Gruppenprozess zu machen, sich als unwissend *und* wissend, schwach *und* stark zu erleben, ohne dass das Wettbewerbsprinzip die Oberhand gewinnt.

Hervorzuheben ist: Die Unterschiedlichkeit der Kinder heute wird durch Altersmischung nicht etwa verstärkt – vielmehr kommen die Kinder sich näher.

Die *„individuelle Verweildauer"* in der altersgemischten Gruppe erlaubt – aufgrund gemeinsam im Interesse des einzelnen Kindes getragener Entscheidungen der Eltern und Pädagogen – zweierlei: langsam sich entwickelnde Kinder können vier Jahre in der gleichen Stammgruppe bleiben und sehr schnell sich entwickelnde Kinder können schon nach zwei Jahren in die folgende Stammgruppe wechseln. Nach wie vor durchlaufen die allermeisten Kinder die ersten drei Schuljahre in drei Jahren. Der altersgemischte Unterricht ermöglicht einen „Schulanfang ohne Auslese!" Die Kinder, die das Einschulungsalter erreicht haben, können in der Regel alle aufgenommen werden, da die Schule selbst dazu beiträgt, Schulfähigkeit herzustellen (Arbeitskreis Grundschule1994, Faust-Siehl u. a. 1996).

Das Prinzip der Jahrgangsmischung hat für die Schulen Brandenburgs (wie aller anderen neuen Bundesländer) eine herausragende Bedeutung gewonnen, um angesichts geringer Schülerzahlen Schulschließungen vermeiden zu können (vgl. Modellversuch „Kleine Grundschule"). Jahrgangsmischung wird in der Montessori-Schule mit ihrem städtischen Einzugsgebiet bewusst aus pädagogischen Gründen, nicht aber aufgrund mangelnder Schülerzahlen durchgeführt. Die jahrelange Arbeit mit jahrgangsübergreifendem Lernen in der *Primarstufe* an dieser Schule hat zu einer besonders hervorstechenden Erfahrung geführt: Die zahlreichen Besucher der Schule betonen übereinstimmend, dass sie beeindruckt sind von der friedlichen Atmosphäre, vom intensiven Lernklima, von der hohen Konzentration, von Kreativität und Gewaltfreiheit und von der Identifikation der Kinder mit ihrer Arbeit und mit ihrer Schule.

Die Sekundarstufe der Montessori-Schule Potsdam entlässt am Ende des Schuljahres 2002/2003 erstmals Schülerinnen und Schüler aus Klassenstufe 10. In den Jahrgangsstufen 7 und 8 wird ebenfalls altersgemischt gearbeitet und verbal beurteilt. In den Schuljahren 9 und 10 arbeiten die Schülerinnen und Schüler ohne Altersmischung in der Jahrgangsklasse und erhalten Ziffernzeugnisse. In den beiden letzten Schuljahren bereiten sich die Jugendlichen auf die staatlich anerkannten Schulabschlüsse der Sekundarstufe I an Gesamtschulen vor. Sie arbeiten auf den Übergang in die Sekundarstufe II, in eine andere weiterführende Schule oder in eine Ausbildung hin (siehe auch Punkt 1.9).

Der reformpädagogischen Arbeit in der Sekundarstufe kommt besondere Bedeutung zu. Inzwischen ist die Grundschulreform in den Klassen 1–6 an relativ vielen Orten in Gang gekommen, während die Sekundarstufe dringend mehr Schulen braucht, die zeigen, wie es möglich ist, sie zum „Haus des Lernens" auch für Jugendliche werden zu lassen. Etwa mit dem Ende des 12.–14. Lebensjahres ist ein starker Einschnitt in der Entwicklung zu beobachten. Jugendliche durchlaufen eine neue Stufe ihrer sozialen Entwicklung. Das in der Kindheit vorrangig figurative und anschauliche Lernen wird nun stärker um intellektuelle Fähigkeiten erweitert; praktische, soziale und intellektuelle Erfahrungen sind für Jugendliche gleich wichtig. Die Übernahme sozialer Verantwortung entspricht dem Erwerb neuer moralischer Standpunkte in diesem Alter. Auch sind Jugendliche in dieser Umbruchphase oft leicht kränkbar und schutzbedürftig, gleichwohl dürfen sie nicht mehr wie Kinder behandelt werden (vgl. Oerter 1987, 265–338). Die Schule ist ein sozialer Rahmen, in dem die schwierigen Prozesse der Identitätssuche in Pubertät und Adoleszenz stattfinden. Der Unterricht muss sich auf diese Entwicklung einstellen. Die selbstbestimmte Tätigkeit in einer vorbereiteten Umgebung mit Exkursionen und Praktika gewinnen hier in besonderem Maße an Bedeu-

tung. Das starke soziale Interesse im Jugendalter wird durch interdisziplinäre, differenzierte und integrative Lernformen unterstützt (vgl. Punkt 1.4). Eine Gesamtschule mit den eingangs beschriebenen Zielen und Methoden verfügt über Mittel zur Förderung aller Jugendlichen. Lernen ohne Ausgrenzung führt zum sozialen Frieden im Mikrokosmos Schule und darüber hinaus. Wir konnten in der Montessori-Schule Potsdam in den Jahren des Aufbaus der Sekundarstufe die Erfahrung machen, dass Gewalt gegen Personen und Sachen vergleichsweise selten vorkam. Kinder und Jugendliche der Primar- und Sekundarstufe haben vielfältige Kontakt- und Kooperationsmöglichkeiten. Dadurch werden sowohl kognitive als auch soziale Lernprozesse gefördert.

1.3 Schule ohne Aussonderung – Pädagogik der Vielfalt

Die Montessori-Schule Potsdam will Schule für alle Kinder sein, darum versteht sie die Arbeit mit heterogenen Lerngruppen und die integrative Pädagogik als eine ihrer zentralen Aufgaben. In Klassen mit durchschnittlich 24 Kindern befinden sich in der Regel 2–3 Kinder mit Behinderungen. Dazu gehören Kinder mit Lern- und Verhaltensstörungen, mit Hör- und Sehbehinderungen und Körperbehinderungen sowie mit geistigen Behinderungen. Für behinderte Kinder steht eine zusätzliche Versorgung durch sonderpädagogische Fachkräfte zur Verfügung, so dass sonderpädagogische Kompetenz in die Arbeit des Pädagogenteams integriert werden kann. Die vorherrschenden Unterrichtsmethoden Freiarbeit und Projektarbeit ermöglichen eine sehr weitgehende innere Differenzierung und bewirken so die kognitive und soziale Förderung von Kindern mit unterschiedlichen Leistungsniveaus und Lernstilen.

Integrative Pädagogik bedeutet vor allem, dass Kinder mit ihren verschiedenen Fähigkeiten, ihren Begabungen und Behinderungen, ihren Stärken und Schwächen akzeptiert werden. Sie werden sowohl in ihren individuellen als auch in gemeinsamen Entwicklungen gefördert. Integrative Pädagogik kommt darum sowohl Kindern mit Lernproblemen als auch Kindern mit besonderen Begabungen zugute. Schülerinnen und Schüler sollen lernen, sich wechselseitig in ihrer Unterschiedlichkeit zu respektieren und beim Lernen zu unterstützen, damit an die Stelle der Konkurrenz eine leistungsfördernde Kooperation tritt. Das Pädagogenteam, bestehend aus Grundschul- und Sonderpädagogen, bemüht sich in engem Kontakt mit den Eltern darum, bei jedem Kind die individuell optimale Leistungsentwicklung zu gewährleisten. An der Montessori-Schule in Potsdam reicht der gemeinsame Unterricht behinderter und nichtbehinderter Kinder von der ersten bis zur zehnten Klasse. Gerade in Pubertät und Adoleszenz ist die Akzeptanz von Unterschiedlichkeit, die in heterogenen Gruppen gelernt werden kann, von immenser Bedeutung für jede/n Jugendliche/n. Ihnen kommt dann zugute, dass sie vom Anfang der Schulzeit an gelernt haben Verschiedenheit wertzuschätzen.

1.4 Bedeutung der Montessori-Pädagogik

Die Montessori-Gesamtschule lässt sich von der **Montessori-Pädagogik** inspirieren und entwickelt diese kreativ den heutigen gesellschaftlichen und wissenschaftlichen Entwicklungen gemäß weiter. Aus dem Lebenswerk der italienischen Ärztin Maria Montessori (1870–1952) ging eine Konzeption hervor, die qualifizierte fachliche Hilfen zum Erreichen der oben genannten Ziele bereitstellt. Vor allem zwei Erkenntnisse Montessoris sind für uns prinzipiell gültig: Die Bedeutung der Kinderbeobachtung, um Wissen über kindliche Entwicklungs- und Leistungsstände zu sammeln und individuell passende Lernangebote machen zu können sowie die Bedeutung der vorbereiteten Umgebung, um selbsttätiges Lernen zu ermöglichen. Heutige Forschungsergebnisse über den Einfluss des ökologischen Umfeldes auf die kindliche Entwicklung bestätigen diese frühen Einsichten Maria Montessoris (vgl. Oerter 1996). Der Gestaltung des Schullebens und des Schulraumes (mit Klassenzimmern, Schulgebäude, Schulgrundstück, Spiel- und Gartenflächen) wird darum von uns besondere Bedeutung beigemessen. Für zukunftsweisend auch für die Montessori-Pädagogik wird eine Vision der „Schule als Haus des Lernens" erachtet (vgl. Bildungskommission NRW 1995), die auch an die international bedeutenden Schulprofile (vgl. Kahl 2002) anschlussfähig ist.

1.5 Reformorientierte Didaktik

Die Montessori-Schule arbeitet mit einer reformorientierten Didaktik. In ihrem didaktischen Konzept setzt sie sich damit auseinander, immer wieder neu ein angemessenes Verhältnis von Offenheit und Struktur herzustellen. Zu dieser Didaktik gehören vor allem Freiarbeit, Projektarbeit, Epochen, Lektionen, Exkursionen, Praktika, Gesprächskreise und Ereignisse des Schullebens. Insgesamt liegen dieser pädagogischen Arbeit die Lehrpläne des Bundeslandes Brandenburg zugrunde.

- In der **Freiarbeit** arbeiten die Schülerinnen und Schüler auf individuellem Lernniveau und in individuellem Tempo an den zentralen schulischen Inhalten. In der Freiarbeit lernen die Kinder lesen, schreiben und rechnen – ebenso wie sie sich natur- und sozial-wissenschaftliches Wissen aneignen. Ältere SchülerInnen arbeiten altersgemäß in den einzelnen Fächern. Selbsttätiges Lernen wird möglich durch ein Angebot an vielfältigen Lernmaterialien vor allem aus dem qualitativ sehr guten und reichhaltigen Fundus der Montessorimaterialien einerseits und aus vielfältigen weiteren Materialien andererseits. Die Lehrkräfte begleiten und unterstützen die lernenden Kinder und Jugendlichen und leiten sie an. Diese Didaktik der inneren Differenzierung ermöglicht effektive Leistungsförderung bei gleichzeitiger Förderung des sozialen Lernens, sie bildet damit das Herzstück des Schulkonzepts und das Fundament für alle weiteren pädagogischen Maßnahmen (vgl. Kegler 2002). Damit die SchülerInnen wissen, was sie lernen müssen, erhalten sie ab der 4. Jahrgangsstufe ein Pensenbuch, in dem alle wesentlichen normativen Lernziele einer jahrgangsübergreifenden Lerngruppe sowie individuelle Lernziele fest gehalten sind. In den Klassen 1–3 führt die Lehrerin das Pensenbuch. Das Pensenbuch ist ständiger Begleiter in der Freiarbeit und dient der Orientierung sowie der Dokumentation der Lernleistungen in allen Fächern (vgl. Punkt 1.7). So kann eine sachorientierte und konkrete Beratung über notwendige und ergänzende Lerninhalte ständig durchgeführt werden. Zu den im Pensenbuch aufgeführten einzelnen Lernzielen gibt es Materialien, die erst eine selbstständige Erarbeitung möglich machen. Diese Materialien, soweit es sich nicht um Montessori-Materialien handelt, werden dauerhaft von den Lehrkräften hergestellt und u. a. durch gegenseitige Demonstration auf ihre Eignung hin überprüft. SchülerInnen mit besonderen Fähigkeiten in Teilgebieten können so den Lernzielkatalog der nächst höheren Stufe bearbeiten, SchülerInnen mit Lernproblemen können sich vorrangig an ihrem individuellen Lernzielkatalog orientieren bzw. durch systematisches Üben früheren Lernstoff nacharbeiten. SchülerInnen, die (noch) nicht freiarbeitsfähig sind, werden in einem Grundkurs in die Grundprinzipien der selbstständigen Arbeit eingeführt (vgl. Punkt 1.9)

- In **Projekten** und **Epochen**, die mehr oder weniger lehrergelenkt, in einzelnen Gruppen oder auch mit der ganzen Schule stattfinden können, arbeiten die Schülerinnen und Schüler fächerübergreifend an einem Gegenstand. Dabei werden häufig Kontakte zu außerschulischen Personen und Einrichtungen genutzt. Einige Beispiele für Projektthemen der letzten Jahre sind: Welterkundung mit den Elementen Feuer, Erde, Wasser, Luft, Projekte zur Ausgestaltung von Schulhaus und -hof, Zirkus, historische Projekte mit den Schwerpunkten Jahrtausendwende, Namensgeber der Schule *Karl Liebknecht* und *Maria Montessori* sowie zahlreiche Theaterstücke. Darüber hinaus hat die Schule auch die Form des **individuellen Projekts** entwickelt, in dem jedes Kind ein **selbstgewähltes** Thema gründlich bearbeitet und seine Ergebnisse den Mitschülern in einem Vortrag oder in einer Posterpräsentation vorstellt. Die typischen Merkmale der Projektarbeit (vgl. Dewey/Kilpatrick 1935) entsprechen Bedürfnissen der Heranwachsenden; dazu gehören unter anderem: Situationsbezug, Orientierung an den Interessen der Beteiligten, Selbstorganisation und Selbstverantwortung, gesellschaftliche Praxisrelevanz, zielgerichtete Projektplanung, Produktorientierung, Einbezug vieler Sinne, soziales Lernen, Interdisziplinarität, Bezug zum Lehrgang und Einbindung in die Systematik von Fächern.
- Auch **Lektionen** und **Fachunterricht** gehören zur Didaktik der Montessori-Schule. Im Lektionsunterricht werden bestimmte Inhalte der Klasse gemeinsam durch eine Lehrperson vermittelt. Im Fachunterricht kommen die einzelnen Fachsystematiken zu ihrem Recht. Hier wird in den Schulfächern wie Sport, Musik, Kunst, Physik, Chemie, Werken, Religion fachspezifisch gelernt. Darüber hinaus gehen Anteile der Fächer in die fächerübergreifenden Projekte sowie in die Freiarbeit ein. Die wichtigen Lernbereiche Sprache und Mathematik werden sowohl in der Freiarbeit und in Projekten als auch in fach-spezifischen Lektionen bearbeitet.
- In **Kreisgesprächen** üben sich Kinder und Jugendliche in demokratischer Gesprächs- und Diskussionskultur. Sie lernen zu artikulieren, was ihnen wichtig ist und zu hören, was andere zu sagen haben und Konflikte miteinander auszutragen. Auch Spiele, Singen und Rituale im Kreis gehören zum Klassenleben. Am Geburtstag wird jedes Kind in einem Geburtstagsritual mit seinem Lebenslauf gewürdigt.
- Vom ersten Schuljahr an gehören in allen Lerngruppen der Schule **Exkursionen** zum Alltag. Die jüngeren Kinder erkunden den nahegelegenen Wald, Handwerksbetriebe, Kunstwerkstätten, die Bibliothek, die Feuerwehr und andere Einrichtungen im Umkreis der Schule. Die Kinder der Klassen 3–4 verbringen eine Woche auf einem Bauernhof. Die Jugendlichen der Sekundarstufe unternehmen weitere Klassenreisen, z. B. in ein Skigebiet und ins Ausland.
- In Klasse 7 wird ein **Praktikum** in einem Kindergarten durchgeführt. Für diese Altersgruppe erwies sich der Perspektivenwechsel zwischen kindlichem Spiel und verantwortlicher Betreuung als besonders fruchtbar. Das Praktikum in Klasse 8 ist ein Handwerkspraktikum, in dem die Jugendlichen diesen Bereich der Arbeitswelt intensiv kennen lernen.

– Zum **Schulleben** gehören jahreszeitliche Feste, Sport- und Schulfeste, Projektwochen der ganzen Schule und Schulversammlungen. Im Laufe der Jahre hat sich an der Montessori-Schule Potsdam eine eingene Lernkultur entwickelt: Einerseits wird intensiv in den Klassen gelernt und geübt, andererseits gestaltet die Schulgemeinde, bestehend aus Kindern, Jugendlichen, Lehrkräften, Eltern und Kooperationspartnern immer wieder gemeinsame Ereignisse, in denen Projektergebnisse präsentiert werden. Das kinder- und jugendorientierte Lernangebot mit Projekten, Praktika, kooperativer Gruppen- und Partnerarbeit sowie eigenverantwortlicher Einzelarbeit wurde auch angeregt durch Gedanken, die Maria Montessori (1967) in ihrem „Erdkinderplan" formulierte. Sie schlägt vor, die Jugendlichen zum Beispiel einen Herbergsbetrieb selbständig leiten zu lassen. Unter fachlicher Anleitung sollen sie auch überfachliche Kompetenzen und Kooperationsfähigkeit unter Gleichaltrigen erwerben. Zu Beginn des 21. Jahrhunderts geht es der Montessori-Schule Potsdam darum, diese klassischen Ansätze mit aktuellen Ansätzen zu verbinden.

1.6 Rhythmisierung des Schulalltages

Der Tagesablauf der Montessori-Gesamtschule in Potsdam entspricht der reformpädagogischen Didaktik der Schule. Die an den meisten Schulen noch vorherrschenden 45-Minuten-Stunden wurden hier abgelöst durch 90-Minuten-Kernzeiten, die kontinuierliches, konzentriertes Lernen ermöglichen, das nicht durch eine Schulklingel unterbrochen wird. Der Schultag ist in immer wiederkehrende, verlässliche Intervalle eingeteilt. Er beginnt mit einer Gleitzeitphase von einer halben Stunde, in der die Kinder und Jugendlichen individuell in ihren Klassenräumen eintreffen, mit LehrerInnen und MitschülerInnen sprechen und mit einer selbstgewählten Arbeit beginnen können. Die Pausen verbringen die SchülerInnen nach Wahl im Freien auf dem Schulhof oder im Schulhaus, Mittagessen wird in der Cafeteria angeboten. Die 90-Minuten-Kernzeiten enthalten fächerübergreifende Freiarbeit und Projektarbeit sowie Lektions- und Fachunterricht. Die Aktivitäten in diesen Kernzeiten werden je nach Altersstufe, Gruppensituation und konkreten Bedürfnissen variiert und orientieren sich an den Lehrplänen für die Schulen des Landes Brandenburg. Nachmittags werden vielfältige Arbeitsgemeinschaften sowie Hortbetreuung angeboten. Der rhythmisierte Schultag umfasst auf den verschiedenen Schulstufen folgende Einheiten:

Primarstufe Gruppe I, Schuljahre 1,2,3

07:30–08:00	Gleitender Unterrichtsbeginn
08:00–09:30	1. Kernzeit: Freiarbeit
09:30–10:00	Pause
10:00–11:30	2. Kernzeit: Gemeinsame Unterrichtsvorhaben, z. B. Projektarbeit, Sport, Kunst, Exkursionen
Ab 11:30	Möglichkeit zum Mittagessen und zur Hortbetreuung, Arbeitsgemeinschaften

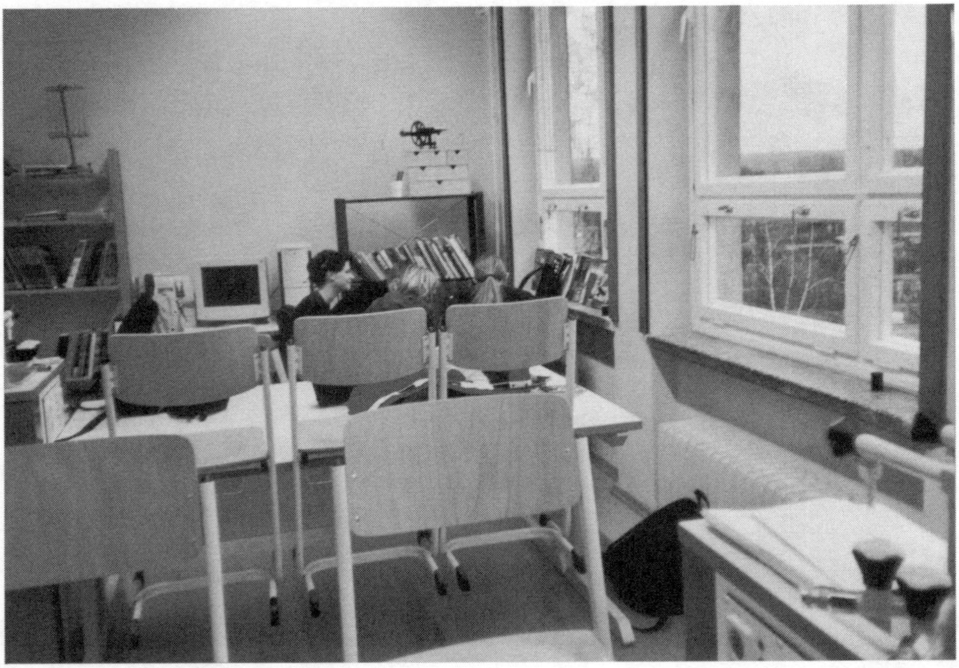

Primarstufe Gruppe II, Schuljahre 4,5,6

7:30–8:00	Gleitender Unterrichtsbeginn
8:00–9:30	1. Kernzeit: Freiarbeit und Fachunterricht
9:30–10:00	Pause
10:00–11:30	2. Kernzeit: Fachunterricht, Projektarbeit, Exkursionen
11:30–12:00	Mittagspause
12:00–13:30	3. Kernzeit: Fachunterricht, Projektarbeit, Exkursionen
Ab 13:30	Möglichkeit zur Hortbetreuung, Arbeitsgemeinschaften

Sekundarstufenklassen Gruppen III–V, Schuljahre 7–10

7:30–8:00	Gleitender Unterrichtsbeginn
8:00–9:30	1. Kernzeit: Fachunterricht, Freiarbeit, Projektarbeit
9:30–10:00	Pause
10:00–11:30	2. Kernzeit: Fachunterricht, Freiarbeit, Projektarbeit
11:30–12:00	Mittagspause
12:00–13:30	3. Kernzeit: Fachunterricht, Freiarbeit, Projektarbeit
Ab 13:30	Fachunterricht, Arbeitsgemeinschaften

Die Übersichten über Stundenpläne der verschiedenen Schulstufen verdeutlichen, dass neben Freiarbeit und fächerübergreifenden Projekten auch die Wissensaneignung im fachbezogenen Lektions- und Lehrgangsunterricht wichtig genommen wird. Die Instruktionen durch Lehrkräfte im Fachunterricht werden mit selbstbestimmteren Lernformen verknüpft, die Kinder und Jugendliche in der Primar- und Sekundarstufe jeweils altersgemäß praktizieren.

1.7 Orientierung durch Pensenbücher und Portfolios

Die Montessori-Schule Potsdam ermöglicht ihren Schülerinnen und Schülern eine Reihe individueller Freiheiten beim Lernen. Damit diese Freiheiten sinnvoll genutzt werden können, hat die Schule nach mehreren Zwischenschritten in den letzten Jahren neue Formen der Orientierung erarbeitet. Das Kollegium hat Pensenbücher entwickelt, die die Lernziele der einzelnen Klassenstufen konkret differenziert und übersichtlich präsentieren. Jede Schülerin und jeder Schüler ab Klasse 4 besitzt ein Pensenbuch, indem die erzielten Lernergebnisse in fächerübergreifenden Lernbereichen und Fächern individuell sorgfältig dokumentiert werden. Parallel dazu führen auch die Lehrerinnen ein Pensenbuch zu jeder Schülerin, jedem Schüler. Zu den im Pensenbuch aufgeführten einzelnen Lernzielen gibt es Materialien, die erst eine selbständige Erarbeitung möglich machen. Diese Materialien, soweit es sich nicht um Montessori-Materialien handelt, werden dauerhaft von den Lehrkräften hergestellt und durch gegenseitige Demonstrationen auf ihre Eignung hin überprüft.

Schülerinnen mit besonderen Fähigkeiten in Teilgebieten können den Lernzielkatalog der nächst höheren Stufe bearbeiten, SchülerInnen mit Lernproblemen können sich vorrangig an ihrem individuellen Lernzielkatalog orientieren bzw. durch systematisches Üben früheren Lernstoff nacharbeiten. Da die Pensenformulierungen Umschreibungen formulierter Lernziele sind, wird zugleich darauf geachtet, dass auch Freiräume für nicht durch Erwachsene vorgegebene Eigenaktivitäten vorhanden sind. SchülerInnen, die (noch) nicht freiarbeitsfähig sind, werden in einem Grundkurs in die Grundprinzipien der selbständigen Arbeit eingeführt oder von LehrerInnen in enger Absprache begleitet, so dass auch sie lernen sich anhand der Pensenbücher zu orientieren. In sogenannten „Portfolios“ sammeln Lehrkräfte, Kinder und Jugendliche ihre Arbeitsprodukte. So entstehen direkte Leistungsvorlagen, die jederzeit nachweisen, was geleistet wurde. Die Pensenbücher sind die Grundlage des Lernens ohne Noten. Diese neue Form der Leistungsdokumentation wird wissenschaftlich evaluiert, erste Ergebnisse werden publiziert sobald sie vorliegen.

1.8 Ohne Noten lernen

In der Montessori-Gesamtschule in Potsdam erhalten die Schülerinnen und Schüler der Klassen 1–8 Berichtszeugnisse. Die Jugendlichen der Klassen 9 und 10 werden mit Notenzeugnissen beurteilt. Vorzeitige Schulabgänger erhalten, wenn gewünscht, ein Ziffernzeugnis für ihren Übergang in eine andere Schule. Die neue Beurteilungspraxis mit Berichtszeugnissen ist Gegenstand der Untersuchungen der Wissenschaftlichen Begleitung, die im Auftrag des Brandenburgischen Ministeriums für Bildung, Jugend und Sport durchgeführt werden (vgl. die Punkte 6 und 8).
Zeugnisse in Form von Lernentwicklungsberichten geben als Ergänzung zu den Pensenbüchern sachlich und differenziert Auskunft über die Lernentwicklung der Kinder, so dass die Eltern über den Leistungsstand ihrer Kinder in den Lernbereichen und Fächern informiert werden. Wichtige pädagogische Gründe sind ausschlaggebend für die Abkehr von den Ziffernzeugnissen: Leistungsbereitschaft, Freude am Lernen und ein ernsthaftes Interesse am

Lerngegenstand werden durch Lernberichte gefördert, während Ziffernzeugnisse Schülerinnen und Schüler dazu verleiten können, weniger aus Interesse als vielmehr für eine Note zu lernen (vgl. Ingenkamp 1971, Bambach u. a. 1996, Winter u. a. 2002, von der Groeben u. a. 2002). Zu betonen ist, dass es beim Lernen ohne Noten nicht um die Abwertung von Leistung als Qualität menschlichen Handelns geht, sondern um ein erweitertes Verständnis von Leistung (vgl. Klafki 1994, 209 ff). Wortzeugnisse sollen dazu beitragen, dass Kinder und Jugendliche um der Sache willen und nicht um der Note willen lernen. Die Schule ist darum bemüht, Schülerleistungen zu beobachten und zu beschreiben, um Kinder und Eltern informieren und passende Lernangebote entwickeln zu können. Mit dem Konzept „ohne Noten lernen" strebt das Kollegium an, Leistungsmotivation und Effektivität zu steigern. Die Beispiele von drei Zeugnissen sollen davon Eindrücke vermitteln.

Zeugnisauszug Thomas Schreiber, Jahrgangsstufe 4, Schuljahr 2001/02*
1. Aussagen zur Persönlichkeit und zum Lernverhalten
Zum täglichen Lernen benötigst du die Vertrautheit deiner Klasse. In der ersten Zeit hattest du damit zu tun Kontakte zu knüpfen. Nun hast du dich eingelebt und ich glaube, dass du dich wohlfühlst, denn du nimmst regen Anteil an allen Entwicklungen. Manchmal scheint es mir, dass du dich etwas einsam fühlst, denn es fehlt dir ein richtiger Freund. Ich bin mir sicher, dass du ihn finden wirst.
Thomas, als Viertklässler bist du selbstbewusster und vor allem selbständiger geworden. Du legst großen Wert auf Gerechtigkeit und ein entspanntes Klima. Bereitwillig und unaufgefordert hilfst du vor allem jüngeren Kindern bei Dingen, die du selbst gut bewältigst. Es gibt Tage da meinst du, dass dich keiner versteht. In unseren persönlichen Gesprächen wurde mir deutlich, du gibst zu schnell auf, wirst traurig oder ungeduldig und benennst deine Wünsche nicht klar genug. Andererseits stellst du hohe Anforderungen an deine Mitschüler, wenn du ihnen sagst, was du über sie denkst.
In der Freiarbeit hast du dich einzelnen Partnern zugewandt und Angebote zur Gruppenarbeit freudig angenommen. Ich glaube, du arbeitest auch gern allein in einer ruhigen Arbeitsatmosphäre. Festgelegte Abgabetermine hältst du nicht immer ein. Seit einiger Zeit schreibst du dir vieles in dein Buch ein, so behältst du besser den Überblick. Ich werde dich auch weiterhin unterstützen, damit du lernst in kleinen Schritten zu planen. Mit Interesse und Fleiß nimmst du an den Projekten der Schule und der Klasse teil.
In den Pausen spielst du meist Fußball. Zwischen den Großen und Kleinen scheinst du mir sehr glücklich zu sein.

2. Aussagen zu den Fächern und Lernbereichen
2.1 Deutsch
Thomas, in Diskussionen erscheinst du zurückhaltend und bleibst vorerst in einer beobachtenden Position, bis du spontan und völlig frei deine Meinung äußerst, dabei tolerierst du die Meinung der anderen Kinder. Zu den angesprochenen Themen äußerst du dich sachkundig und sprachlich gewandt. Du kannst einen Text logisch aufbauen und sprachlich gut formulieren. Thomas, du hast

---
* *Name geändert.*

viele kleine Geschichten sehr ausführlich geschrieben. Sehr einfühlsam fand ich deine Weihnachtsgeschichte. Rücken Abgabetermine näher arbeitest du sehr intensiv an den Aufgaben. Deinen Mitschülern hast du das Kinderbuch „Unternehmen Bratpfanne“ vorgestellt und uns einige Textstellen vorgelesen. Wir konnten dir gut zuhören, weil du die wörtliche Rede lebendig zum Ausdruck brachtest. In einfachen kurzen Sätzen hast du uns das Märchen „Der Fuchs und der Wolf“ erzählt. Mit deiner Stimme hast du uns in eine Märchenwelt versetzt.
Einige Regeln der richtigen Schreibweise hast du schon gut gelernt, bei Diktaten sind dir nur wenige Fehler unterlaufen. In freien Texten ist deine Rechtschreibung noch nicht sicher. Du liest gern und kannst das Gelesene mit eigenen Worten wiedergeben. Texte trägst du fließend und sinnbetont vor. Du führst deine Aufzeichnungen im Deutschhefter übersichtlich und meist vollständig.

2.2 Sachunterricht
Im Fach Welterkundung hast du fleißig und sehr interessiert gearbeitet. Manchmal fiel es dir noch schwer ein Thema zu gliedern. Dabei haben wir dir geholfen und die Ergebnisse konnten sich doch sehen lassen.
Die geschichtlichen Themen scheinen dich besonders zu interessieren. So hast du im ersten Komplex „Die Erde als Planet im Weltall“ besonders am Thema „Steinzeitmenschen“ gearbeitet und hier viele Informationen zusammengetragen. Mir hat gefallen, dass du dich wegen des gleichen Themas problemlos mit Frieda und Julia zusammengetan hast und ihr so eure Ergebnisse gemeinsam in einem umfangreichen Vortrag den anderen Kindern vorgestellt habt.
Im zweiten Komplex: „Das Wasser“ haben dich besonders die alten Ägypter interessiert. Auch hier hast du viel Neues gelernt.
Im freien Projekt hast du am Thema „Mesopotamien“ und „Rom“ gearbeitet. Du bist an allen naturkundlichen Themen sehr interessiert. Du machst dir viele Gedanken über unsere Welt. Viele Möglichkeiten hast du genutzt, dir umfangreiches Wissen über verschiedene Lebewesen anzueignen. Du bist in der Lage Fachtexten Wesentliches zu entnehmen, so konntest du viele Informationen über Tiere und Pflanzen des Waldes sowie über den Körperbau des Menschen zusammentragen. Mir gefällt, dass du im Unterricht sehr leise und konzentriert lernst.

2.3 Mathematik
Ich habe im Laufe des Schuljahres den Eindruck gewonnen, dass, wenn du die Wahl hast, diese nicht unbedingt auf Mathematik fällt. Trotzdem zeigtest du immer wieder Einsicht in die Notwendigkeit und bist somit nicht drum herum gekommen viel Neues zu lernen. Bei manchen Aufgaben hast du gemerkt, dass sie sogar Spaß machen können.
Das kleine 1 x 1 beherrscht du nun wesentlich sicherer als noch zu Beginn des Jahres. Du kennst die schriftlichen Verfahren der Addition, Subtraktion und Multiplikation und kannst sie in entsprechenden Übungsphasen auch anwenden.
Oft steht dir auf dem Weg zur richtigen Lösung deine Zerstreutheit und Fahrigkeit noch im Wege. In Gedanken verhaspelst du dich und bringst dann vieles durcheinander. Dann meinst du, du kannst es sowieso nicht und bist niedergeschlagen. Die Folge ist, dass Mathematik keinen Spaß macht. Wenn man sich dann zu dir setzt und die Aufgaben gemeinsam mit dir rechnet, wird offensichtlich, dass du vieles doch verstehst und kannst. Dann bist du oft selbst überrascht.

Wir haben den Zahlenraum bis 9 Millionen erweitert. Du hast eine Vorstellung von der Größe der Zahlen und ihrer Stellung im Zahlensystem gewonnen. Gern hast du Anwendungsaufgaben gerechnet und bist im Rechnen mit Einheiten des Geldes und der Zeit recht sicher. Auch die Regeln zum Runden von Zahlen sind dir bekannt.
Im Bereich der Geometrie hast du Körper und ihre Eigenschaften kennen gelernt. Du weißt, wie man mit dem Zirkel umgeht und kannst ebene Figuren an einer Achse spiegeln. Im nächsten Jahr werde ich dir verstärkt Mathematikmaterial anbieten weil ich denke, dass es dir sehr viel beim Verstehen von Zusammenhängen nutzen wird.

2.4 Sport
Du nahmst an den Sportstunden mit viel Freude teil. In allen Sportdisziplinen zeigtest du eine große Anstrengungsbereitschaft. Deine Stärken liegen vor allem im Bereich der Ballspiele. Du bist geschickt im Umgang mit dem Ball, kannst sicher fangen und werfen und bist ein guter Torwart. Spielsituationen kannst du schon recht schnell erfassen und taktisch klug spielen. An leichtathletischen Übungen beteiligtest du dich gern auch von dir aus und zeigtest hier Ausdauer und Durchhaltevermögen. Mitschülern begegnetest du generell fair und hilfsbereit.

2.5 Ästhetik
Im Kunstunterricht konntest du weitere Erfahrungen beim Umgang mit verschiedenen Materialien und Techniken sammeln und ausprobieren. Du lässt dich auf das Malen von Bildern ein. Dabei fällt es dir leicht über einen längeren Zeitraum am Bild zu arbeiten. Deine Malerarbeiten wirken durch kräftige Farben ausdrucksstark und eigenständig. Dein Acrylbild „Wilde Formen“ als Ergebnis mehrerer Arbeitsschritte ist dir sehr gut gelungen. Hier hast du deine Fantasie ausgelebt. Die Nachbestellung für unsere Kalender und Kataloge hast du durch deine gute Vorarbeit im Blick.
Sehr genau hast du auch an den kleinen grafischen Übungen gearbeitet. Dabei sind interessante Zeichnungen entstanden.

Zeugnisauszug Marie Sabe, Jahrgangsstufe 1, Schuljahr 2001/02
Aussagen zur Persönlichkeit und zum Lernverhalten
Marie, du bist ein ruhiges Mädchen, das sich schnell in unserer Schule orientieren konnte und ohne Scheu Kontakte über unsere Klassengemeinschaft hinaus geschlossen hat. Mit deiner Freundin bist du die erste Zeit gern länger nach dem Unterricht in unserem Klassenraum geblieben. Ihr habt von euch aus Aufräumarbeiten übernommen. Auf diese Weise wolltest du die Gelegenheit nutzen dir alle Materialien noch einmal in Ruhe anschauen zu können.
Bereits im September wolltest du nach einer Demonstration selbständig mit den Materialien des Sprachunterrichts arbeiten. Da du zu diesem Zeitpunkt schon die meisten Laute der Buchstaben kanntest, war es für dich auch nicht schwer Wörter in großen Druckbuchstaben richtig abzuschreiben und sie mit viel Geduld mit dem Buchstabenkasten nachzulegen. Wenn dich eine Arbeit sehr anstrengte, hast du dich mit einem Sinnesmaterial entspannt. Nicht selten dauerte diese Erholungsphase für dich dann bis zum Ende einer Freiarbeitszeit. Da du dich gern an älteren Mitschülern orientierst, hast du sie aufmerksam bei deren Arbeit beobachtet, um es dann selbst auszuprobieren. Der Abschluss einer Arbeit war für dich noch nicht wichtig.

Das freie Projekt mit deinem Thema „Über die Welt" war für dich dann im Januar eine gute Möglichkeit dein stilles Beobachten in die Tat umzusetzen. Die Sonne hat dein besonderes Interesse geweckt. Ich habe gestaunt, wie gut du mit nur wenigen Hilfen schwierige Texte lesen konntest. Du hast sogar schon die Geografiematerialien aus dem Regal genommen und die Erdteile für deine Mappe farbig abgezeichnet. Bei der Präsentation deiner Arbeit hast du deine Partnerin aber noch zu wenig mit einbezogen, obwohl sie mit dir 14 Tage gemeinsam überlegt, gelesen, geschrieben und gezeichnet hat.
Ende Januar machtest du dann einen deutlichen Entwicklungsfortschritt. Du hast mich um die Demonstration des „Großen Rechenrahmens" gebeten. Du hast mir 3-stellige Zahlen vorgelesen und kannst sie nun schriftlich ohne Übertrag addieren. Die Addition und Subtraktion bis 20 rechnest du mit Leichtigkeit. Nun war es endlich soweit! Die „1000-er Kette" übte auf dich eine besondere Faszination aus. Nach nur einer Demonstration legtest du sie mehrmals selbständig. Ich weiß jetzt noch, wie wir beide in 100-er Schritten gesprungen sind. Mit großer Geduld und Genauigkeit bautest du den „Trinomischen Kubus" mit kleinen Würfeln nach. In deinem Buch sind kleine Zeichnungen darüber zu finden.
Zum Schuljahresende wolltest du nach genauer Beobachtung einer älteren Schülerin sogar mit dem „Einmaleins-Spannbrett" arbeiten. Ich habe gesehen, wie konzentriert du die Fäden gespannt hast und dabei genau im Kopf nachrechnetest. Manchmal warst du sehr überrascht, wenn kein Stern dabei entstand. In Ruhe begannst du dann von vorn. Auf diese Weise hast du schon einige Malfolgen aufgeschrieben.
Obwohl du sehr ruhig auf mich wirkst, hast du aber auch großen Spaß an der Bewegung im Sportunterricht. Du nimmst gern an den Ballspielen der Gruppe teil, wenn du die Regeln verstanden hast. Auf dem Schwebebalken hältst du sicher die Balance und schaffst es, wie du selbst sagst, „5 Minuten oben zu bleiben". Die Kugel ist dein Lieblingsgerät. Du wählst sie mit mehreren Mädchen immer wieder. Es passiert schon öfter mal, dass du nicht wusstest, wo deine Sportsachen waren. Du hast dich darüber ziemlich geärgert.
Im März diesen Jahres sollten sich auch die Vorbereitung und die Vortragsweise deines nächsten Wunschthemas „Pflanzen" weiter entwickelt haben. Bücher, Blumen und ein anschaulicher Vortragstisch haben uns alle überrascht. Du hast mit Unterstützung deiner selbst gewählten Gliederung frei über die Teile einer Tulpe und deren Nährstoffaufnahme gesprochen. Diesmal hatte auch deine Partnerin reichlich Gelegenheit sich zu äußern. Deine Projektmappen hast du gern mit kleinen Skizzen und farbigen Bildern ausgestaltet. Dein großformatiges Bild über die Erde ist dir besonders gut gelungen. Erste Erfahrungen beim Formen einer Plastik konntest du auch schon sammeln. Das Mischen von Farben machte dir Freude.
Die Natur interessiert dich sehr. Leider musstest du in dein Beobachtungsbüchlein schreiben, dass „sich einen Monat lang nichts getan hat" bei deinem eingepflanzten Ginkokern.
Für dich wurde es von nun an immer wichtiger geschriebene Texte möglichst schnell zu Papier zu bringen. Deshalb hast du von April an bis zum Schuljahresende die Schreibschrift mit den Materialien geübt. Diese Arbeit nahmst du immer zu Beginn einer Freiarbeitszeit auf. Ich konnte beobachten, dass du dabei bereits auf die Rechtschreibung achtest. Du hast uns sogar schon mehrere Sätze in dieser Schrift fließend vorlesen können.

Wenn wir uns in den Gesprächskreisen über ein interessantes Thema unterhalten, hörst du immer sehr aufmerksam zu oder du sprichst so leise, dass dich nicht alle Kinder verstehen können. Trau dich ruhig, Marie, denn auch deine Meinung ist bestimmt für deine Mitschüler wichtig! Einmal hast du es schon versucht, als du uns dein Geburtstagsleporello vorgelesen hast. Da hast du gemerkt, wie ruhig es plötzlich wurde, weil alle Kinder deinen Mut bewundert haben.
Mit klarer Stimme beteiligst du dich am Klassengesang. Du spielst gern mit den Klanginstrumenten und bis bemüht dabei den Rhythmus einzuhalten. Liedertexte kannst du dir gut merken.

Zeugnisauszug Janis Freitag*, Jahrgangsstufe 5, Schuljahr 2002/03
Janis, anfänglich war für dich alles neu und ungewohnt – deine Mitschüler, deine Lehrerinnen, der Raum und die Regeln, die es bei uns gibt. Ich habe ganz genau gespürt wie anstrengend es am Vormittag für dich war. Schnell fühltest du auch die Zuwendung von uns allen, so hast du die Sicherheit bekommen, die du brauchtest, um dich auf die Schule einzulassen. Es bereitet dir keine Schwierigkeiten dich in der Klasse 4/5/6 zurechtzufinden. Du bleibst geduldig, wenn wir gemeinsam die Toilette, die Bibliothek, das Lehrerzimmer und die anderen Klassenräume aufsuchen. Auf den Schulhof begleitet dich schon lange keiner mehr. Du springst und hüpfst umher, nur manchmal hast du Streit mit Nico. Dagegen hast du dich gewehrt, geweint und bist weggelaufen. Aber wir fanden dich ja und halfen dir die Sache zu klären.
Morgens kommst du fröhlich in unsere Klasse. Dein Lächeln steckt an und gleich ist auch bei uns eine gute Stimmung zu merken. Du zeigst viel Neugier, die zu eigenen Handlungen führt, dann gehst du und schaust herum, nimmst dir ein Material und setzt dich auf den Fußboden. Du arbeitest meist allein und über längere Zeit sehr konzentriert.
Du kennst fast alle Namen deiner Mitschüler. Einige von ihnen gehören zu deinen Freundinnen und Freunden wie Laura, Johann und Stella. Dein Gesicht sieht fröhlicher aus, wenn du mit ihnen arbeitest. Du gehst von selbst auf Kinder zu. In diesem Schuljahr hast du in einer kleinen Schülergruppe viele praktische Arbeiten erledigt. Du hast Kuchen gebacken, Brötchen geschmiert, im Garten gearbeitet, im Kaufland eingekauft und die Post besucht. Diese Arbeiten führtest du gern aus. Die erforderliche Hilfe nimmst du an. Am Anfang arbeiteten wir beide mit anderen Kindern in der Küche. Du führst einfache Tätigkeiten wie abtrocknen, Geschirr stapeln und den Geschirrspülautomaten aus- und einräumen aus. Während unserer Arbeit sprechen wir miteinander. Du plapperst vor dich hin und erzählst mir, was dich bewegt. Manchmal müssen wir lachen. Ich frage oft noch einmal nach, so verstehe ich die Zusammenhänge.
Fortschritte hast du in der Sprache gemacht. Du sprichst einzelne Wörter und in kurzen Sätzen. Du hast von allein über deine Erlebnisse an den Wochenenden erzählt. Am deutlichsten verstehe ich dich, wenn du dich richtig aufregst. Oftmals schreibe ich das Gesagte auf und frage noch einmal genau nach. Deinen Vortrag über Dinosaurier hast du fast ganz allein gehalten. Sogar die Fragen deiner Mitschüler konntest du beantworten. Dabei lächelst du und freust dich, wenn die Kinder klatschen. Mit Freude lässt du dir aus Büchern vorlesen. Einige Texte kannst du im Rhythmus mitsprechen. Im Gesprächskreis bist du meist konzentriert und still. Deinen Mitschülern hörst du zu und bringst dich manchmal mit eigenen Worten ein. Sie passen genau zum Thema. Da staunen wir und du schaust ganz schelmisch. Einzelne Wörter und kleine Wortgruppen kannst

** Janis ist ein Kind mit Down-Sndrom und wird nach dem Rahmenplan der Schule für Geistigbehinderte unterrichtet.*

du lesen und verstehst deren Sinn. Von einigen Wörtern hast du dir das Schriftbild gemerkt und findest es in fremden Texten wieder.
Im Kunstunterricht bist du meist fröhlich. Du nimmst dir Pinsel und kräftige Farben und arbeitest einfach los. So entstand auch dein wunderschönes Acrylbild „Ein Mann". Der Mann steht mit ausgebreiteten Armen da, als ob er einen einladen wollte ihn zu umarmen. Ich glaube, dass du es auch sein könntest, denn du hältst deine Arme offen für alle, die dir gut sind und schließt sie, wenn du fühlst, dass es nicht ehrlich gemeint ist.
Im Fach Mathematik hast du in diesem Jahr ganz fleißig gearbeitet. Zu Beginn des Schuljahres haben wir geübt die Zahlen sauber und lesbar zu schreiben. Das gelingt dir jetzt schon ganz prima. Im Zahlenraum bis 10 kannst du den Zahlen Mengen zuordnen. Die Zahlen bis 100 kannst du lesen, das hast du oft mit deiner Arbeit am Hunderterbrett bewiesen.
Du arbeitest sehr gern mit den Mathematikmaterialien. Die Arbeit am kleinen 1 x 1-Brett gehört zu deinen Lieblingsbeschäftigungen. Mit Hilfe des Streifenbretts, des Rechenrahmens und des Perlenmaterials kannst du Zahlen im Zahlenraum bis 100 addieren und subtrahieren. Die Arbeit im Geometrieunterricht hat dir viel Freude bereitet. Gern hast du Drei- und Vierecke gezeichnet. Du hast gelernt, wie die verschiedenen geometrischen Körper heißen und kannst ihnen die richtige Bezeichnung zuordnen.
In Welterkundung hast du großes Interesse gezeigt für die Dinge, die dich umgeben. Im Rahmen des II. Komplexes: „Das Wasser" hast du dich besonders für das Trinkwasser interessiert. Du hast verschiedene Mineralwasser auf ihren Geschmack hin untersucht und die Ergebnisse den Kindern vorgestellt. In einem Experiment hast du versucht aus schmutzigem Wasser sauberes herzustellen.
An unserem Sportstunden hast du so gern teilgenommen, dass du sogar deine Hortbesuche oft um eine Stunde verschoben hast. Besonders gern spielst du mit Kindern gemeinsam Zweifelderball. Im Freisport hast du oft mit Florian gekegelt oder Tischtennis gespielt. Viel Spaß hat dir auch die Leichtathletik gemacht. Du bist ganz schnell mit Laura um die Wette gelaufen und hast Johann gezeigt, wie weit du springen kannst.
Du singst gern mit den Kindern der Klasse. Er gibt sich dabei große Mühe. Die Arbeit mit dem klingenden Schlagwerk ist für ihn eine mit Freude aufgenommene Abwechslung. Er hört gern den Vorträgen seiner Klassenkameraden zu. Besonders faszinierten ihn im Schuljahr die Vorstellungen von originalen Instrumenten und das damit verbundene Vorspiel.

1.9 Montessori-Kurs für Quereinsteiger

Seit vier Jahren nimmt die Montessori-Schule Potsdam in die Sekundarstufe I im 7. Jahrgang auch Jungen und Mädchen aus anderen Schulen auf. Meist kommen sie aus Regelschulen und werden erstmalig mit einem stark veränderten Unterrichtssystem konfrontiert. Einige haben in ihrer Grundschulzeit wenig Erfolg gehabt und haben Lernblockaden entwickelt. Andere suchen als leistungsstarke Schüler/innen eine Schule, in der sie ihre Kreativität selbstbestimmt entfalten können. Die Schule führt Schüler/innen aus anderen Schulen und Schüler/innen aus der eigenen Grundschule in den jahrgangsgemischten Klassen 7/8 zusammen und arbeitet bewusst am Aufbau einer neuen Lernkultur, die sich aus unterschiedlichsten Schulerfahrungen speist. Es gibt viele beeindruckende Erlebnisse, wenn diese Erfahrungen in der täglichen Praxis zusammenfließen. Es gibt jedoch auch viele Schwierigkeiten, wenn Jugendliche einerseits mit Freiheiten konfrontiert werden, die sie vorher nicht kennen gelernt

haben und andererseits ihre Persönlichkeit durch die neuen freiheitlichen Unterrichtsmethoden ans Tageslicht kommt. Erfahrungen der letzten Jahre haben das Team dazu bewogen, für alle, die Schwierigkeiten bei der selbstbestimmten Lernarbeit erkennen lassen einen Montessori-Kurs für Schüler/innen anzubieten. In diesem Kurs werden die Jugendlichen an verschiedene Arbeitsmethoden, Arbeitsmittel und Präsentationstechniken herangeführt.
In einer Analyse der Lernschwierigkeiten wird immer wieder eine Ursache angegeben: „Ich lasse mich leicht ablenken“ bzw., und etwas seltener, „ich lenke andere ab.“ Diese Einschätzung beschreibt exakt den Ausgangspunkt schulischer (und auch außerschulischer) Misserfolge. Wenn man nicht in der Lage ist, sich auf einen Gegenstand zu konzentrieren, wird das Ergebnis einer Arbeit in der Regel nicht befriedigend ausfallen und es beginnt ein Teufelskreis von oberflächlicher Arbeit und unzureichendem Ergebnis. Nach Einschätzung des Teams ist dies die Grunderfahrung aller Schüler/innen mit Lernproblemen. Sie haben nicht die befriedigende Erfahrung machen können, eine Arbeit auf ihrem individuellen Niveau und unabhängig vom Vergleich mit anderen, erfolgreich beendet zu haben. Konzentration kann jedoch nur entstehen, wenn man sich für einen Inhalt wirklich interessiert. In Montessori-Schulen wird diese Grundannahme zum pädagogischen Credo und führt konsequent zu der Unterrichtsmethode „Freiarbeit“, denn hier kann man sich mit den Fragen beschäftigen, die einen wirklich interessieren. Aus diesem Grund findet der Kurs während der Freiarbeitszeit statt und wird aus den Fragen der Teilnehmer/innen das Curriculum des Kurses oder der Einzelarbeit entwickelt. Dabei wird deutlich, dass grundlegende Fakten oft nicht verstanden, Zusammenhänge nicht erkannt und persönliche Beteiligung zu selten erreicht wurden. Anliegen dieses „Nachentfaltungskurses“ ist es demnach, Begeisterung für fundamentale, meist menschheitsgeschichtliche, Fragen zu wecken und in Bildungserlebnissen erfahrbar zu machen, dass jeder individuelle Beitrag bedeutsam ist und wertgeschätzt wird. Der Kurs beinhaltet außerdem ein Kompetenz- und Methodentraining, in dem Interviews, Vorträge, Notizen, schriftliche und mündliche Zusammenfassungen, Skizzen und Zeichnungen, Prioritätensetzung, Gliederungen, aktives Zuhören, freies Sprechen, Präsentationen usw. geübt werden.
Am Ende des Kurses erhalten die Schüler/innen eine Beschreibung dessen, was sie gemacht haben und eine Teilnahmebescheinigung mit ihrer persönlichen Einschätzung. Exemplarisch sei hier die Selbsteinschätzung eines Schülers wiedergegeben:

Selbsteinschätzung von Fritz M*.:
Bei den Montessori-Stunden hatten wir als Lehrerinnen Frau Kegler und Frau Köhl. Es gab Stunden, die mir sehr gefallen haben und manche, die ich nicht so gut fand. Am ersten Tag war es nicht so schlimm, wie wir es uns alle vorgestellt haben. Jeder hat sich zuerst vorgestellt, sein Schulleben erzählt und über seine Schwierigkeiten im Unterricht geredet. Bei einem Thema, was mir sehr gefallen hat, ging es um die Entstehung der Erde. Das war sehr interessant und lustig und auch der Vortrag, den wir danach halten sollten und auch mit den Sachen, die wir ausräumen und zusammenräumen sollten. Als Thema hatten wir auch die Entstehung des Menschen, so wie noch das Thema, was wir können und was wir nicht können und die römischen, ägyptischen und arabischen Zahlen. Das Ziel in diesem Kurs war, dass wir uns besser im Unterricht konzentrieren

* *Name geändert.*

können, uns besser Sachen merken und sie besser zusammenfassen. Und ich glaube, dass jeder von uns viel gelernt hat und der Rest kommt von alleine, wenn man will.

Die Schülerinnen und Schüler erhielten zum Abschluss folgendes Zertifikat:
„Du hast im zweiten Schulhalbjahr an einem Montessori-Kurs für Schüler und Schülerinnen teilgenommen. In diesem Kurs ging es darum deine Konzentrationsfähigkeit zu steigern und grundlegende Arbeitstechniken zu erlernen.
Wir haben geübt wie man sich Notizen macht, Zeitvorgaben einhält, Prioritäten setzt, aus einem Bild wesentliche Informationen in Sprache übersetzt, viele kleine Themen unter einem Oberbegriff zusammenfasst, eine Gliederung erstellt, eine eigene Arbeit präsentiert, frei vor anderen spricht, alleine, zu zweit und mit einer ganzen Gruppe einen Vortrag hält, wie man sich etwas merken kann oder wie genau man hinsehen muss, wenn man etwas abzeichnen will. Du hast trainiert, eine Partnerin/einen Partner zu interviewen, genau zuzuhören, seine/ihre Aussagen möglichst exakt wiederzugeben und, was am schwersten ist, eine offene aber konstruktive Rückmeldung zu geben bzw. sie von anderen anzunehmen und daraus Schlüsse zu ziehen. Du hast erlebt, wie schnell eine Gruppe einen Raum verändern kann und wie leicht Ordnung wieder herstellbar ist, wenn alle sich verantwortlich fühlen. Diese Arbeitstechniken haben wir an Fragen ausprobiert, die ihr selbst gestellt habt.
In unseren Stunden ging es z. B. um die Entstehung der Erde und die Entwicklung des Menschen. Wir haben die fundamentalen Bedürfnisse aller Menschen beleuchtet, aber auch eine Weltkugel in einem dunklen Raum um uns die Entstehung von Tag und Nacht und der Jahreszeiten deutlich zu machen. Du hast die Geschichte der Zahlen kennen gelernt und einen Vortrag ohne Worte, nur mit Mimik und Gesten dazu gehalten. In einem Partnergespräch habt ihr Vorstellungen über euer zukünftiges Leben ausgetauscht und in Einzelarbeit hast du dich mit zwei genialen Erfindungen, nämlich einer Kurzzeitbrücke von Leonardo da Vinci und der römischen Rundbogenbrücke auseinandergesetzt. Du hast die Modelle mit großer Aufmerksamkeit abgezeichnet und diese Arbeit als sehr anspruchsvoll empfunden. Wir konnten längst nicht alle Fragen bearbeiten, die ihr gestellt habt."

1.10 Übergänge in andere Schulen und Berufsausbildung

Die beiden letzten Klassen der Sekundarstufe I, Klasse 9 und Klasse 10, stellen neue Anforderungen an die Jugendlichen. Sie lernen jetzt in Jahrgangsklassen und erhalten Notenzeugnisse. Sie bereiten sich intensiv auf den Abschluss der Sekundarstufe I und den Übergang in eine neue Phase ihrer Ausbildung vor. Ein Teil der Schüler wählt den Übergang in die Sekundarstufe II, um das Abitur zu machen, andere beenden ihre Pflichtschulzeit nach der 10. Klasse und beginnen eine Lehrausbildung. Die Montessori-Schule arbeitet mit ausgewählten Potsdamer Schulen mit Sekundarstufe II zusammen, so dass ein möglichst harmonischer Übergang möglich wird. Während der Drucklegung dieses Schulportraits hat die 10. Klasse des ersten Schuljahrgangs ihre Zeit an der Montessori-Schule Potsdam abgeschlossen. In den nächsten Jahren wird die wissenschaftliche Begleitung Studien zur weiteren Bildungsbiografie ihrer Schulabgänger vorlegen können.

2. Schülerinnen und Schüler

2.1 Anzahl, Einzugsgebiet, soziokulturelle Herkunft

Im Schuljahr 2002/2003 wird die Montessori-Gesamtschule von ungefähr 500 Schülerinnen und Schülern in den Klassen 1–10 besucht. Internationale Studien haben gezeigt, dass Übersichtlichkeit, gegenseitige Verantwortung und Identifikation in einer Schule mit dieser Schülerzahl optimal ausgebildet werden können. Größere Schulen bergen die Gefahr der Isolation und Unübersichtlichkeit, kleinere Schulen können in ihrem Angebot oftmals die vielfältigen Bedürfnisse nicht abdecken. Das unmittelbare Einzugsgebiet der Schule ist Potsdam-West, darüber hinaus ist es aber auch für Familien im weiteren Umfeld möglich, ihre Kinder an der Schule anzumelden. So können seit 1993 Kinder aus ganz Potsdam und der ländlichen Umgebung die Schule besuchen. Wegen des Schulversuchs ist der Besuch dieser Schule grundsätzlich freiwillig. Die Eltern müssen ihr Kind lediglich an der zuständigen Grundschule anmelden und dort einen Antrag auf Besuch einer anderen Schule stellen. Heute kommen Schüler/innen aus allen Stadtteilen Potsdams, dem Umland und aus Berlin in die Montessori-Schule und nehmen dafür einen besonderen Schulweg auf sich. Im unmittelbaren Umfeld der Schule wohnen etwa ein Drittel der Kinder und Jugendlichen, über Potsdam verteilt etwa ein weiteres Drittel und ein Drittel fahren täglich aus dem Umland, häufig aus Berlin zur Montessori-Schule nach Potsdam. Die Schülerschaft setzt sich aus Familien zusammen, die aus dem ehemaligen West- und Ostteil Deutschlands kommen. Ca. 100 Elternhäuser haben sich als „Westsozialisierte" für die Montessori-Schule entschieden. Besonders sogenannte Zuzügler suchen oftmals nach schulischen Alternativen und machen nicht selten die Wahl ihres Wohnortes von einer Aufnahme in die Schule abhängig. Im Schuljahr 98/99 kam eine Gruppe Kladower Eltern, einem Berliner Wohnvorort im Norden von Potsdam, und suchte eine Alternative für ihre Kinder, die an ihrer Schule nach der vierten Klasse den zuvor vorhandenen reformpädagogischen Unterricht nicht fortsetzen konnten. Damals wurden 15 Kinder umgemeldet, die Eltern organisierten einen Busfahrdienst und schickten ihre Kinder „im Osten" zur Schule.

Die soziokulturelle Zusammensetzung der Elternhäuser ist vielschichtig. „Bildungsnahe" und „bildungsferne" sind gleichermaßen vertreten, auch eine kleine Gruppe von Kindern mit ausländischer Herkunft findet sich an der Schule. Es gibt eine Gruppe von Eltern, die sich für ihre Kinder eine andere Schulzeit wünschen, als die selbsterlebte, und die davon überzeugt sind, dass mit den alten Methoden der frontalen Belehrung eine Vorbereitung auf die Herausforderungen der Zukunft nicht mehr gewährleistet werden kann. Diese Eltern zeichnen sich durch ihr großes Engagement bei gleichzeitigem Vertrauen in das tägliche Experiment Versuchsschule aus. Sie sind darüber hinaus auch geduldig im Umgang mit den auftretenden Schwächen des Schulalltags und arbeiten äußerst kooperativ mit den Lehrerinnen und Lehrern zusammen. Eine weitere Gruppe ist wohlwollend bis zweifelnd. Auch diese Eltern arbeiten engagiert am Aufbau der Schule mit, einige bringen die Diskussion aber immer wieder auf die Frage, ob ihre Kinder auch genug lernen würden und ob der Leistungsstand des Kindes nicht auch durch Zensuren beschrieben werden sollte. Im Laufe der Schuljahre wächst bei manchen der Zweifel und sie melden ihr Kind an eine Regelschule um, bei anderen verflüchtigen sich diese Ängste, wenn sie erleben, dass das Motto der Montessori-

Pädagogik „Lasst uns Zeit" Früchte trägt und manche Fertigkeiten zwar später, dann aber wie von selber und ohne Überdruss erreicht werden. Bemerkenswert ist in allen Gesprächen mit Eltern immer wieder der Ausspruch: „ Mein Kind fühlt sich hier sehr wohl und geht gerne zur Schule ...". Eine kleinere aber umso gesprächsintensivere Elterngruppe bringt, wie an Reformschulen überall üblich, besonders schwierige Kinder an die Schule. Verhaltensauffälligkeiten und Lernprobleme sind bei diesen Kindern früh evident geworden, und ihre Eltern spüren, dass die stärkere Normierung des Regelschulsystems unweigerlich zu Konflikten führen würde. Darum haben manche auch mehr aus Not als aus Überzeugung eine alternative Schulform gewählt.

2.2 Alltag von Kindern und Jugendlichen in Beispielen

Drei Tagesabläufe – Hanna, Rosa und Juan* – geben Einblick in den Alltag der Kinder und Jugendlichen der Montessori-Gesamtschule. Die Tagesabläufe wurden in einer Woche im Frühjahr 2001 durch eine teilnehmende Beobachtung einer Studentin dokumentiert und werden hier, leicht gekürzt, in Form beschreibender Protokolle wiedergegeben. Es handelt sich um zufällig ausgewählte Tage, die einfach und unspektakulär Blicke in die Praxis erlauben.

***Hanna** besucht die altersgemischte Lerngruppe der Klassen 1–3 in ihrem 2. Schulbesuchsjahr. An einem typischen Schultag im Frühjahr 2001 trifft sie gegen 07:45 Uhr in der Schule ein. Als sie ihren Ranzen rechts neben der Klassentür abgestellt, die Straßenschuhe aus- und ihre Hausschuhe angezogen hat und schließlich ihre Klasse betritt, sind einige Kinder bereits im Klassenraum und auf dem Flur mit Unterrichtsmaterialien beschäftigt, einige unterhalten sich, andere lesen. Die Klassenlehrerin Frau L. begrüßt Hanna und bespricht mit ihr, mit welcher Arbeit sie heute beginnen soll. Hanna äußert, dass sie heute wieder an ihrem Geschichtenbuch arbeiten möchte. Sie holt aus ihrem Fach ein kleines Papierpaket und aus ihrer Schulmappe ihre Federtasche. Hanna wählt einen Tisch auf dem Flur, an dem schon zwei Mädchen sitzen und schreiben, setzt sich neben sie, spricht mit ihnen und beginnt an ihrer Geschichte zu schreiben. Inzwischen sind die anderen Kinder der Klasse und Frau S., die Co-Lehrerin, die an einigen Stunden der Woche in dieser Klasse mitarbeitet, eingetroffen. Hannas MitschülerInnen arbeiten im Klassenraum und im Flur mit verschiedenen Materialien, die Lehrerinnen wenden sich einzelnen Kindern oder kleinen Gruppen zu. Frau L. kommt auch auf den Flur an Hannas Tisch. Die Mädchen zeigen der Lehrerin ihre Blätter, inzwischen hat jedes Kind mehrere Seiten mit geschriebenem Text und dazu gemalten Bildern vorzuweisen. Sie sprechen mit der Lehrerin darüber, wie sie weiterschreiben und -malen können und klären miteinander, was noch erarbeitet werden muss, ehe das ganze zu einem Büchlein zusammengestellt und gebunden werden kann. Nach diesem Gespräch packt Hanna ihre Papiere und Stifte ein und geht vom Flur in den Klassenraum. Sie schaut sich um und beobachtet eine Weile, was die anderen Kinder tun. Schließlich holt sie sich aus einem Regal einen Kasten mit dem Montessori-Material „250 Kuben", räumt den Kasten aus, zählt und sortiert die Kuben in den Kasten hinein. Nachdem Hanna den Kasten wieder ins Regal gestellt hat, holt sie sich einen der kleinen Teppiche und das 100-er Brett, rollt den Teppich aus und legt die Zahlenkärtchen der*

** Die Namen wurden geändert.*

Reihe von 1–100 aus. Hanna hat inzwischen 1 ½ Stunden gearbeitet, als die Lehrerin eine Ansage für alle macht: In 2 Minuten sollen die Kinder ihre Arbeit beenden, aufräumen und sich zum Sitzkreis zusammenfinden. Hanna räumt Teppich und Hunderterbrett auf, holt einen Stuhl und setzt sich in den Kreis. Frau L. teilt den Kindern, die jetzt alle in den Kreis gekommen sind, mit, dass heute auf dem Schulgelände, vor dem Eingangsportal ein Kletterfelsen aufgestellt werden soll. Die Klasse will bei diesem Ereignis zuschauen. Außerdem gibt sie den Kindern noch einen Elternbrief mit, in dem zu einer Elternversammlung eingeladen wird. Hanna verstaut den Brief in ihrer Schulmappe, nimmt ihre Frühstücksdose heraus und setzt sich gemeinsam mit Katharina in der Klasse an einen Tisch und frühstückt. Anschließend geht sie auf den Schulhof, um sich gegen 10:00 Uhr am Eingang einzufinden, wo Lehrer und Schüler gemeinsam auf die Anlieferung des Felsens warten. Da es noch dauert spielt Frau L. mit einer Kindergruppe, zu der auch Hanna gehört, das Fang-Spiel „Welche Fahne weht heute?" auf dem Schulhof. (Wer eine zuvor genannte Farbe irgendwo an sich hat, kann nicht gefangen werden, die anderen müssen versuchen auf die andere Seite des Platzes zu rennen, ohne gefangen zu werden.) Hanna stolpert bei diesem Spiel, fällt hin und weint. Rita kommt zu ihr, geht mit ihr zur Seite und bleibt mit ihr auf einem Mäuerchen sitzen. Kurz darauf ruft Frau L. die Kinder nach vorne an das Eingangstor. Der Felsen wird mit einem Lastwagen gebracht, ein Kran ist angekommen und alle schauen aufmerksam zu, wie ein großer und ein kleinerer Felsen abgeladen und vor der Schule aufgestellt werden. Gegen 11:30 Uhr verabschieden sich Kinder und Lehrerin und Hanna geht zunächst zum Mittagessen in die Cafeteria, dann wechselt sie in das angrenzende Hortgebäude, wo sie bastelt und im Freien spielt und um 15:00 Uhr von ihrer Mutter abgeholt wird.

***Rosa**, im 4. Schulbesuchsjahr kommt kurz vor 08:00 Uhr auf dem Flur vor ihrem Klassenraum im 1. Stock an. Sie stellt ihre Schulmappe ins Regal, zieht ihre Schuhe aus und die Sandalen, die im Schuh-Regal stehen, an, geht in den Klassenraum. Frau K. hat bereits begonnen mit den eintreffenden Schülerinnen und Schülern einen Stuhlkreis aufzubauen. Das Einführungsgespräch im Kreis dreht sich um Mathematik. Es dauert fünf Minuten. Drei Gruppen werden gebildet, die den in Rosas Lerngruppe versammelten Klassenstufen 4, 5, 6 entsprechen. Rosa holt sich gemeinsam mit Irene einen kleinen Teppich für die „große Division" aus dem Regal, beide Mädchen sitzen am Boden und arbeiten 20 Minuten intensiv zusammen. Dann werden die zehn Kinder dieser altersgemischten Lerngruppe, die der 4. Klasse angehören, von der Lehrerin heraus auf den Flur gebeten. Während die anderen Schülerinnen selbständig weiterarbeiten mit ihren Materialien, nehmen die zehn Viertklässler an einem Tisch im Flur Platz und Frau K. erklärt den Schülern die Anfänge der schriftlichen Multiplikation. Anna beteiligt sich an der Erarbeitung des Multiplikationsverfahren im Gespräch. Sie stellt Fragen und antwortet auf Fragen der Lehrerin und anderer Schüler. Die Kinder schreiben dabei auch Aufgaben auf, mehrere solche Aufgaben werden gemeinsam gelöst. Schließlich fragt die Lehrerin, „Wollen wir es noch mal zusammen machen?" Die Kinder aber wollen es alleine machen. Nachdem die Lehrerin sich noch einmal versichert hat, ob es alle verstanden haben, teilt sie Arbeitsblätter zum Üben der Multiplikation aus. Anschließend ist die Unterweisung beendet.*
Rosa geht in den Klassenraum zurück, beginnt, ihre liegengelassenen Materialien zur Division aufzuräumen und fordert Irene auf, mitzuhelfen. Aber Frau P., die schon zuvor mit im Klassenraum war, fordert die Kinder auf, weiter mit diesem Material zu arbeiten, was die Kinder auch

tun. Sie machen sich Notizen zu ihren Divisions-Aufgaben. Schließlich kündigt Frau K. die Pause an. Die Kinder räumen die Materialien zusammen, stellen alles ins Regal und gehen auf den Schulhof. Nach der Pause findet in der Klasse 4/5/6 Freiarbeit statt. Rosa befasst sich jetzt mit Grammatik, anhand von Montessori-Materialien ordnet sie Worte den Wortanten zu. Nach einer Dreiviertelstunde ordnet und sortiert Rosa ihre Materialien und Arbeitsblätter. Es findet noch ein kurzes Gespräch der Lehrerin mit der Klasse statt, über die Frage, wie intensiv die einzelnen heute gearbeitet haben. Anschließend ist Mittagspause. Nach der Pause folgt noch eine Unterrichtsstunde. Rosa sitzt wie alle anderen Schüler und Schülerinnen am Gruppentisch in der Klasse. Sie haben alle Schreibutensilien bereitgelegt. Es ist eine Stunde, die Gedichten gewidmet ist. Einzelne Schüler tragen ein selbstgewähltes, manchmal auch selbstverfasstes Gedicht vor. Sie erhalten Feedback von den Mitschülern und von den Lehrerinnen. Rosa meldet sich zum Gedichtvortrag, doch vor ihr kommt ein anderer Junge an die Reihe. Der ist aber in dem Moment so aufgeregt, dass er kaum sprechen kann. Frau K. schlägt ihm vor, sich lieber noch mal zu setzen und später neu anzufangen. Jetzt trägt Rosa vor. Sie erhält von den Kindern folgende Rückmeldung: „du hast gut betont", „du äußerst dabei keine Gefühle!", „du hast genuschelt, etwas eintönig geleiert", „du warst froh, als du fertig warst", „du warst wohl sehr aufgeregt, hast deshalb etwas steif dagestanden". Die Lehrerinnen ergänzen anschließend: „du hast einen hohen Anspruch an dich gestellt" und: „dein Gedicht hat etwas Lustiges, Verschmitztes, das passt so gut zu deiner Art". Nach dieser 5. Stunde geht die Schule zu Ende, es wird vereinbart, die Gedichtvorträge in einer anderen Stunde fortzusetzen. Rosa verlässt den Klassenraum, wechselt die Schuhe und holt ihre Schulmappe. Sie verabredet sich mit einer Mitschülerin und ihr Heimweg von etwa einer Viertelstunde beginnt.

***Juan**, Schüler im 8. Schuljahr, trifft um 07:40 Uhr mit dem Fahrrad an der Schule ein. Er schließt es an und geht die Treppe hinauf in den zweiten Stock in seinen Klassenraum. Er ist einer der ersten, nach und nach kommen weitere Schülerinnen und Schüler seiner Lerngruppe, die aus Siebt- und Achtklässlern besteht. Er unterhält sich mit Miriam über die bevorstehende Auseinandersetzung. Als es 08:00 Uhr ist, beginnt ein Gespräch, das von drei Jugendlichen, Juan, Miriam und Klaus geleitet wird. Die Lerngruppe sitzt im Halbkreis vor der Tafel, Frau Z., die Klassenlehrerin sitzt mit im Halbkreis. Juan schreibt eine Tagesordnung an die Tafel, deren Punkte sind: 1.) Gesprächskreise für die oberen Klassen, 2.) Arbeitstag von Schülern und Eltern an der Schule, 3.) Diebstähle an der Schule. Juan bittet im Verlauf des Gesprächs immer wieder die Mitschüler, ihre Meinung zu den Themen zu äußern, reagiert souverän auf destruktive Einwürfe von Nino und sorgt dafür, dass Abstimmungen zustande kommen und Vereinbarungen getroffen werden. Nach einer Stunde Gespräch kommt eine weitere Lehrerin dazu und thematisiert zwei weitere Gesichtspunkte: Beschädigungen in der Schule und eine Vorschlag für eine neue Zeitstruktur des Schultages mit späterem Beginn am Morgen und längerer Mittagspause. Viele Schülerinnen und Schüler äußern, dass sie bei der alten Zeitstruktur bleiben wollen, um nachmittags früh zu Hause oder bei anderen Terminen sein zu können, auch wenn das bedeutet, dass der frühe Schulbeginn beibehalten werden muss. Juan setzt sich dafür ein, dass die Schüler sich in den Pausen aufhalten können, wo sie möchten, im Schulhaus oder auch draußen und dass sie nur hinausgeschickt werden, wenn sie sich nicht angemessen benehmen. Inzwischen ist es 9:30 Uhr geworden. Juan schlendert mit Miriam und Klaus hinaus. Nach der Pause ist Freiarbeit in Juans Lerngruppe.*

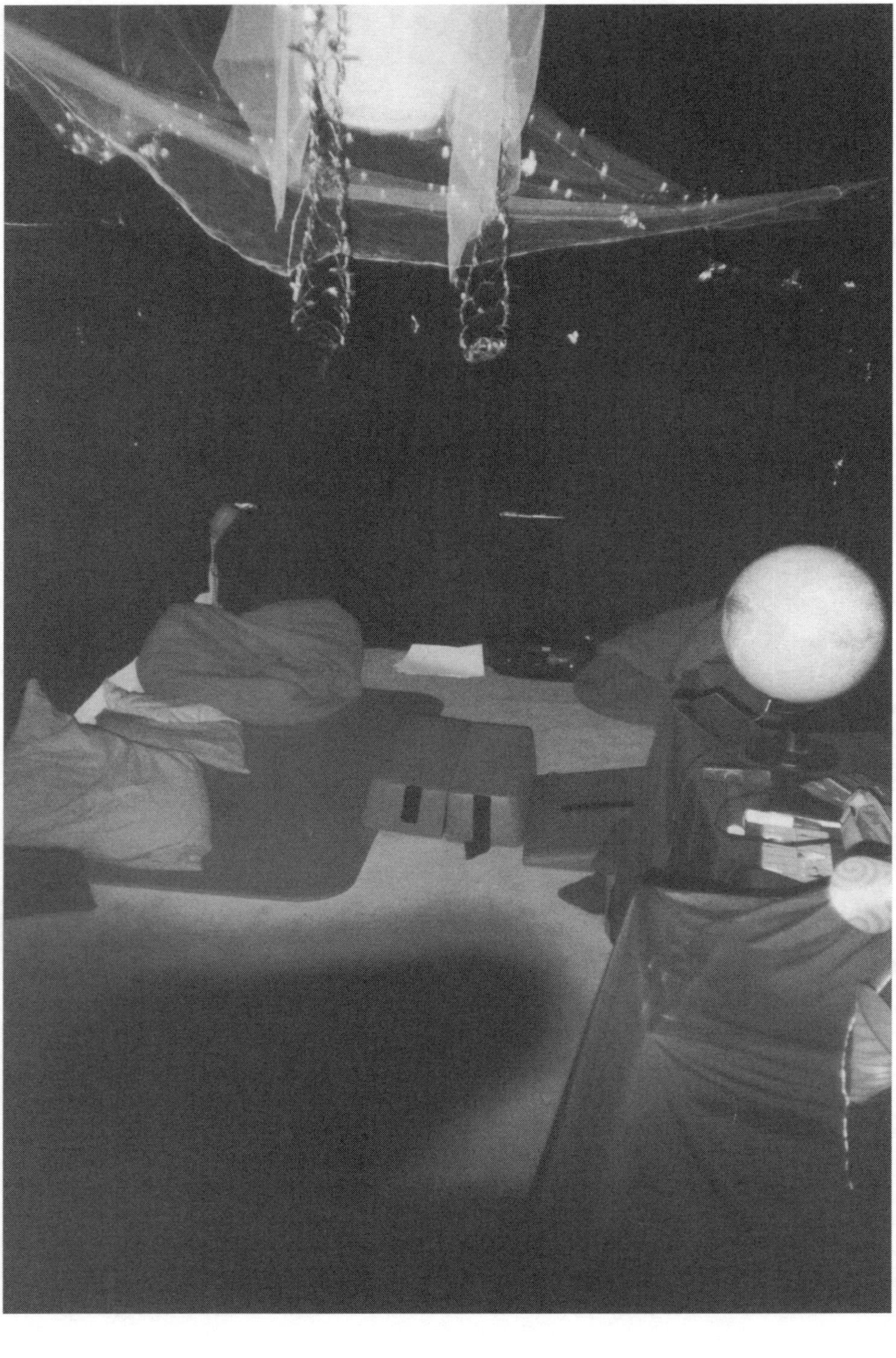

Juan spricht kurz mit Frau Z. über seine nächste Tätigkeit. Er trägt seine Arbeitsmaterialien dafür zusammen: Reiseführer von Sylt und einen Ordner „Klassenfahrt". Er setzt sich an den Computer und holt sich zusätzlich Ausdrucke über die Nordsee aus dem Internet. In dieser Zeit arbeiten alle Schülerinnen und Schüler individuell an ihren Themen, viele im naturwissenschaftlichen Bereich. Juan beendet nach etwa 45 Minuten seine Arbeit an der Vorbereitung der Klassenfahrt und wendet sich kurz noch einem anderen Thema zu, das er sich gewählt hat: „Kindererziehung". Dazu liest er von Maria Montessori das Buch „Kinder sind anders". Nach etwa 45 Minuten wird die Gruppe von Frau Z. aufgefordert, die Arbeiten zu beenden, aufzuräumen und einen Kreis zu bilden. Karin hält einen Vortrag über Reflexzonen und Reflexzonentherapie. Nach dem Vortrag erhält Karin Rückmeldungen der Gruppe. Auch Juan meldet sich zu Wort. Er fand den Vortrag sehr informativ, die Bilder etwas zu klein und schlecht zu erkennen und regt an, Karin hätte den Fuß an die Tafel malen können, um die Reflexzonen zu zeigen. Schließlich berichten die Jugendlichen über ihre Tätigkeiten während der Freiarbeit. Juan teilt mit, dass er herausgefunden hat, dass es auf Sylt eine Disco gibt und wann sie geöffnet hat und dass man „Butterfahrten" unternehmen kann. Auch berichtet er, dass er weiter an seinem Vortrag über Kindererziehung gearbeitet hat. Anschließend wird der Stuhlkreis aufgelöst, es ist Pause. Nach der Pause hat Juan Fachunterricht, Französisch. In einer Arbeitsgruppe sitzt Juan am Tisch, sie erarbeiten mit Hilfe des Französischbuches einen Dialog „Traverser Paris en Metro" und üben ihn ein. Gleichzeitig bildet Frau T. mit den Schülerinnen und Schülern der 7. Klasse an der Tafel einen Halbkreis, um Konjugationen zu üben. Als die Konjugationsübung beendet ist, führen diese Schüler Übungen in Einzelarbeit an ihren Arbeitsplätzen durch, Frau Z. geht zu den Arbeitsgruppen, Sie hört sich an, was Juans Gruppe erarbeitet hat, gibt Hinweise, korrigiert die Aussprache und erklärt, wie die Übung in der nächsten Stunde anhand von Beispielen weitergeführt werden soll. In der letzten halben Stunde sind viele Schüler schon recht unkonzentriert, auch Juan fängt an über andere Dinge mit seinen Mitschülern zu plaudern und zu lachen. Frau Z. teilt mit, dass sie heute noch zwei Dialoge von ihnen hören will, daraufhin arbeiten sie noch mal intensiv, bevor um 13:30 Uhr die Schule zu Ende ist.

Die dokumentierten Tagesabläufe aus drei verschiedenen Altersstufen zeigen etwas davon, wie Schülerinnen und Schüler die unter 1. geschilderte didaktische Konzeption nutzen und was Freiarbeit, Projekte, Lektionen und Schulleben im Alltag für einzelne Kinder bedeuten. Schülerinnen und Schüler haben auch selbst aufgeschrieben, wie sie an der Montessori-Schule Potsdam leben und lernen. Die folgenden hier wörtlich wiedergegebenen Texte von Kindern aus der mittleren Altersgruppe der Jahrgänge 4/5/6 geben Einblick in die Kinderperspektive.[1]

Das ist Freiarbeit (von Lars K.*)
Freiarbeit ist freie Arbeit.
Man kann sich also wählen, ob man mit einem Partner oder ohne Partner arbeitet und man kann sich aussuchen was man arbeitet.
In den einzelnen Fächern bekommen wir Pflichtaufgaben auf, die wir dann in der Freiarbeit erledigen müssen, bevor wir an anderen Dinge wie z. B. Vorträge bzw. Vorstellungen arbeiten kön-

** Die Namen wurden geändert.*

nen. Wenn wir z. B. in Mathe an Arbeitsblättern gearbeitet haben, mit ihnen aber nicht fertig geworden sind, dann nehmen wir sie meistens mit in die Freiarbeit als Pflichtaufgabe.
Wenn man noch vor Schluss der Freiarbeit mit seinen Pflichtaufgaben fertig ist, dann kann man nicht nur an Montessorimaterial und Vorträgen bzw. Vorstellungen arbeiten. Man kann z. B., wenn man möchte, in den Fächern freiwillig weiter arbeiten, man kann auch Geschichten schreiben, wie Benjamin und ich. Erst Ende Juni habe ich mit Ennio eine Geschichte angefangen: „Der grausame Physikunterricht mit Frau Isolde Stender".
Wenn man in der Freiarbeit ein Buch macht, dann muss es nicht immer eine Geschichte sein.
Zu den Montessorimaterialien zählen Karteien wie z. B. „Der Vogeldetektiv" oder „Der Pflanzendetektiv". In diesen Karteien sind Abbildungen und Informationen zu den verschiedenen Vogelarten. Auf den Karten, wo die Informationen darauf stehen, ist ein freies Kästchen wo die Abbildungen rein kommen. Man muss dann die Abbildungen – so gesagt – zu den Informationen zu-ordnen. Wenn man dann eine Vogelart (oder mehrere) zugeordnet hat, dann kann man anfangen das Bild abzuzeichnen und den dazugehörigen Text abzuschreiben.
Man kann auch aus anderen Montessorimaterialien Bücher machen, z. B. kann man aus den Brüchen „Das Buch der Brüche" machen, man kann aus den Geographiebrettern ein Buch machen. Jeder würde so ein Buch individuell machen; ich z. B. würde die Karten erst abpausen, dann die Städte nummerieren und dann auf einem Extrablatt die Städte passend zu dem Land suchen und zum Schluss alles zusammenheften.
Auf dem Computer haben wir auch viele Lern- und Übungsprogramme. Beispielsweise „Physik", „Deutsch", 7./8. Diktate, Mathe „Bruchrechnen 6. Klasse", Englisch „VAB Vokabeltrainer", „Fantastische Kreaturen" und „Mit dem PC um die Welt":
Der Computer kann in der Freiarbeit manchmal ziemlich nützlich sein. Die meisten von uns haben einen eigenen Ordner, in dem sie ihre Geschichten abspeichern, denn viele schreiben ihre Geschichten auf dem Computer.
Wenn man aber nicht weiß was man machen soll, dann geht man zu dem Lehrer, der im Raum mit uns Freiarbeit macht, und lässt sich von dem dann Arbeit geben.

***Mein letztes Projekt – Freies Projekt** (von Tim H.*)*
Also, es war super gut so etwas zu machen, dadurch konnte man das machen was man einfach gerne machen wollte. Ich habe natürlich „Dragonball" als Thema und arbeitete sehr intensiv daran, so dass ich zu einem tollen Ergebnis kam. Die Arbeit hat den Kindern und mir sehr viel Spaß gemacht und alle waren zufrieden mit ihrer Arbeit. Die Arbeitszeiten waren sehr gut. Wir arbeiteten von 08:00 bis 11:30 Uhr und durften zwei Pausen machen, die dazu noch variabel wahren. Am Ende der Woche wurden alle Arbeiten vorgestellt, so dass Kinder und Erwachsene das Ergebnis der Projektwoche sehen konnten. So lernten Kinder und Erwachsene von einander und deswegen sollten wir das wiederholen. In dieser Woche war ich vollstens damit beschäftig, meine Wandzeitung zu bearbeiten und arbeitete sogar noch lange zu Hause, um zu einem guten Ergebnis zu kommen. Dadurch, dass das Projekt „Freies Projekt" hieß, konnte man zwischen einem Vortrag, einer Mappe und einer Wandzeitung wählen. An dem Tag, wo alles vorgestellt wurde, gab es am Abend noch eine Party, die bis spät in die Nacht ging. Dann gab es noch einen Basar mit leckerem Essen, was aber ein bisschen teuer war, aber die Leute haben trotzdem Spaß gehabt.

So sind die Großen *(von Paul S.*)*
Die Großen wohnen hauptsächlich über uns im 3. Stock. Sie sind sehr verschieden. Doch eines haben sie überwiegend gemeinsam: Sie werden langsam aber sicher erwachsen. Deshalb haben viele Energie, die sie so oder so rauslassen. Einige machen es mit spaßvollem Kampeln, andere wiederum tun cool, indem sie sich die Hose so weit runterziehen, dass man fast die Unterhose sieht. Wenn es hoch kommt, fangen sie an zu rauchen. Manche (aber ich glaube, das gibt es an unserer Schule so gut wie gar nicht) fangen auch an – meist schwächere – ernsthaft zu verhauen. Wie ich schon schrieb, sind die Großen verschieden. Den größten Kontakt habe ich durch die Computer-AG. Die meisten dort sind sehr nett.

So sind die Kleinen *(von Freddy K.*)*
Mit den Kleinen komme ich sehr gut zurecht. Für sie bin ich immer der Pausenclown, deswegen gaben sie mir den Namen „Bernd Sandwichcreme". Die Kleinen sind nicht so cool und angeberisch wie die Großen, aber dafür rotzfrech. Sie haben die meisten Klassen im Erdgeschoss, aber auch ganz oben im 3. Stock rechts. Zu mir passt nicht diese angeberische und coole Art, deswegen komme ich am Besten mit ihnen klar, auch wenn sie manchmal sehr nervend sind. Ich bin auch in meiner Klasse mit den meisten 4.-Klässlern befreundet, obwohl ich mit den 6.-Klässlern auch gut klar komme. Die Kleinen raufen sehr oft und machen auch sonst viel unvernünftige Sachen. Sie sind sehr verletzlich, deswegen werden sie von den Großen auch manchmal angebrüllt oder vertrieben. Sie spielen sehr gerne: fangen, verstecken, Sandkanäle bauen oder Abschlagen.

Das ist Freiarbeit *(von Monika A.*)*
Freiarbeit bedeutet für mich Freie Arbeit. Das heißt, dass ich selbst entscheiden kann was ich machen will. Es gibt sehr viele Montessorimaterialien, mit denen ich mich beschäftigen kann. Es ist einfach kein Unterricht, wo man etwas Bestimmtes machen muss. Ich kann zum Beispiel meine Englischaufgaben oder meine Deutscharbeiten erledigen. Ich schreibe gerade an einer Geschichte. Der Lehrer muss aber auch nicht immer im Klassenraum sein. In meiner Klasse herrscht fast immer eine ruhige Arbeitsatmosphäre. Das ist sehr beruhigend. Ich kann aber auch mit meinen Klassenkameradinnen zusammenarbeiten. Unsere Klasse hat sich vor ungefähr zwei Jahren einen Film über die Freiarbeit angekuckt. Dort sagt Maria Montessori: „Hilf mir es selbst zu tun!" Mann kann in der Freiarbeit auf dem Flur arbeiten. Mein Lieblingsmaterial ist der Pflanzendetektiv.

Das ist Freiarbeit *(von Juliane T.*)*
In der Freiarbeit kann ich mir aussuchen was ich arbeite. Ich kann mit Material arbeiten und ich kann Vorträge vorbereiten und das Gleiche kann ich mit Wandzeitungen, Schautafeln und Vorstellungen machen. Es gibt sehr viele verschiedene Materialien, z. B.: Das große Malbrett, die große Division und die Tausenderkette. Bei den Vorträgen, Wandzeitungen usw., die ich nicht machen muss, kann ich mir das Thema aussuchen. Manchmal kriege ich von meinen Lehrerinnen oder Lehrern Aufgaben für die Freiarbeit zugewiesen. Diese Aufgabe oder Aufgaben muss ich dann als allererstes abarbeiten, danach kann ich erst wieder richtige Freiarbeit machen. Manchmal gibt es ja auch jemanden, der Geburtstag hat oder hatte, den Geburtstag feiern wir dann meistens in der Freiarbeit. Anstatt Freiarbeit haben wir manchmal Kunst- oder Deutschprojekte, wie z. B. die Selbsteinschätzung.

Das ist unser Schulhof *(von Marianne G.*)*
Ich finde unseren Schulhof richtig toll, weil er so groß ist und es viele Spielmöglichkeiten gibt. Es werden auch sehr viele neue Dinge gebaut. Ich finde auch gut, dass im Sommer vom Brunnenstein Wasser läuft. Es ist gut, dass der Holzspielplatz gebaut wurde, weil vorher immer die Schaukeln besetzt waren. Es ist aber blöd, dass alle ihren Müll einfach auf den Boden fallen lassen, obwohl so viele Papierkörbe dastehen.
Es ist schön, dass es keine Betonplätze gibt und dass es sehr viele Bäume und Blumenbeete gibt. Im Sommer ist der schönste Platz auf dem Schulhof die „Schonung", weil da alles blüht. Ich find auch gut, dass da jetzt sehr viele Bänke stehen.
Das ist unser Schulhof ***(von Peter B.*)***
Unser Schulhof ist total schön. Es gibt viele Bäume, Steine, auf denen man klettern kann, und sogar einen Brunnen. Der Schulhof ist so interessant, weil er nicht so langweilige Metallklettergerüste und einen Betonboden hat. Er ist so groß, dass man große Spiele machen kann, aber auch noch Platz ist, um sich zurückzuziehen. Auf die Bäume darf man klettern und aus dem Brunnen kommt bei warmen Wetter kühles Wasser. Es gibt sogar ein kleines Wäldchen, die Schonung genannt, in dem lauter Birken gepflanzt sind. Natürlich gibt es auch ein Klettergerüst, aber aus Holz. Das ist auch nicht so normal, sondern ziemlich lang; man kann balancieren, es gibt ein großes Netz und Schaukeln. Vor dem Brunnen ist eine Art riesiger Sandkasten, dort kann man mit Hilfe des Wassers Burgen usw. bauen. Außerdem gibt es auf unserem Schulhof gute Treffpunkte, an denen man sich auch mit Kindern aus anderen Klassen treffen kann.

Schülerinnen und Schüler des 8. Jahrgangs machten im Schuljahr 2000/01 Praktikumserfahrungen. Die Auswertung des Handwerkspraktikums aus Schülersicht wurde u. a. anhand eines Fragebogens durchgeführt. Hier sind die Antworten der Schülerinnen und Schüler zu einigen Fragen dokumentiert.

Was hat mich im Praktikum besonders beeindruckt?
Sachen werden schnell gebaut, z. B. ein Dachstuhl am Tag.
Geldverdienen ist schwer. Zur Schule gehen, Abitur machen und dann berühmt werden, so geht es nicht. Man muss arbeiten dafür.
Arbeit fand in Seelenruhe statt.
Die Schnelligkeit und Zusammenarbeit der Mitarbeiter hat mich beeindruckt.
Dreck macht den Arbeitern nichts aus.
Alle waren ziemlich locker auf der Baustelle, trotzdem wurde viel verändert in zwei Wochen.
Freunde zu frisieren war besonders gut.
Ich war immer zu langsam.
Es gibt massig Ware, womit bezahlen die das? Die Leute kaufen kaum Fahrräder, viel mehr wird repariert.
Es gab viele Reparaturaufträge. Ich bin handwerklich gut begabt.
Der Laden war sehr groß.
Die Arbeit war hart.
Türen werden ganz anders gemacht, als ich gedacht habe.
Die Genauigkeit und die Zusammenarbeit hat mich beeindruckt.

Man lernt sehr viel. Es war sehr schön.
Man braucht viel Fingerfertigkeit. Ich habe viel mit den Fingern gemacht.
Die Zusammenarbeit war so eingespielt, fast wie am Fließband.
Es gab viel zu tun. Und es ist ein Teufelskreis. Man hört hinten mit einer Arbeit auf und fängt vorne wieder an.
Wie man einen kaputten Kontrabass wieder reparieren kann, fand ich beeindruckend.
Obwohl die Arbeit in einer Gärtnerei körperlich sehr hart ist, arbeiten dort meist Frauen.
Das wäre ein richtiger Berufswunsch für mich.
In verschiedenen Abteilungen zu sein, war interessant.
Die Arbeit war ganz schön schnell.
Ich musste immer früh da sein.
Der Umgang mit Stress vom Chef war interessant.
Der Chef war mit der Arbeit seiner Mitarbeiter nie zufrieden.
Es hat viel Spaß gemacht, die Leute waren sehr nett.
Mit Gips kann man Muster, eine Konsole, einen Engel und Eier machen.
Ich hatte vorher Lampenfieber, aber die Leute waren freundlich.
Ich habe alles gemacht, was möglich ist.
Die Kollegen waren sehr nett.
Ich habe mich gut mit den Leuten verstanden.
Es war ziemlich langweilig.
Die Frau war ziemlich unfreundlich.
Ich habe mich nicht wohlgefühlt.
Es ist anstrengend. Ich war sehr müde, aber ich habe mich sehr wohlgefühlt.
Der Chef war auch mal Lehrer. Bei Fehlern war er schrecklich. Es hat aber Spaß gemacht.

Welche Schwierigkeiten hatte ich?
Genauigkeit ist schwierig.
Ich musste die Drecksarbeit machen.
Mir fehlten Ausdauer und Geduld.
Ich hatte keine Schwierigkeiten, außer wenn nichts zu tun war.
Ich war immer zu langsam.
Ich war langsam beim Schleifen, Streichen, Sägen.
Genaue Arbeit war schwierig.
Es war sehr anstrengend.
Ich hatte keine Schwierigkeiten.
Eine Zahnkrone zu modellieren war sehr schwierig.
Ich hatte keinen Ansprechpartner.
Es war sehr anstrengend.
Ich bin einmal zu früh gekommen.
Der Chef war nicht zufrieden.
Es war hektisch.
Ich habe mich einsam gefühlt.
Ich habe Lack vom Auto abgerissen.
Es war auch langweilig.

Ich hatte Rückenschmerzen.
Es gab keine richtige Arbeit für mich.

Gibt es für mich konkrete Konsequenzen aus dem Praktikum?
Ich will dort eine Lehre machen.
Das ist kein Beruf für mich. Es ist körperlich zu anstrengend.
Ich werde dort einen Ferienjob machen.
Das ist ein Berufswunsch für mich.
Den Job möchte ich nicht machen.
Es ist kein Beruf für mich, außer wenn ich eine Lehrstelle bekomme. Dann würde ich es machen.
Ich werde jetzt mit meinem Fahrrad ordentlich umgehen. Ich weiß jetzt, was das kostet.
Es hat für mich keine Konsequenzen.
Ich will nicht Weber werden.
Der Platz war falsch.

Tätigkeiten, die im Handwerkspraktikum ausgeführt wurden:

messen, mähen, schleifen, abschleifen, hämmern, malen, restaurieren, stanzen, kleben, fotografieren, wegkratzen, vergolden, malen, wischen waschen, eindrehen, auftragen, bedienen, fegen, schleifen, meißeln, modellieren, einbetten, brennen, gießen, jäten, beschneiden, buddeln, harken, gießen, leimen, schrauben, bohren, zeichnen, entfernen, verteilen, umstellen, eintopfen, ausschütten, öffnen, schreiben, überprüfen, verkaufen, machen, flechten, staubsaugen, ordnen, zuschneiden, stanzen, streichen, ausladen, abladen, umräumen, putzen, verlegen, putzen, wischen, fegen, streichen, auspacken, wegbringen, putzen, einräumen, putzen, schrauben, zerlegen, sortieren, sägen, schrauben, montieren, reparieren, schleppen, einstellen, wechseln, prüfen, verputzen; stopfen, gießen, durchchecken, einstellen, abmachen, putzen, bestellen, holen, saubermachen, spinnen, weben, kratzen, nähen, schneidern, binden, schneiden, aufräumen, kopieren, drucken, wischen, einscannen, verputzen, streichen, bohren, bauen, tragen, auftrennen, sortieren, einkaufen, zeichnen, saubermachen, feilen, löten, einstellen, reparieren, rausstellen, zugucken, desinfizieren, wegsortieren, auszeichnen, wässern, pflanzen, umtopfen, beliefern, waschen, mähen, polieren, interviewen.

Die Auswertung des Kindergartenpraktikums ergibt folgendes Bild:

Welche Erfahrungen habe ich gemacht?
Man findet schnelle Kontakte zu den kleinen Kindern.
Bei der Beschäftigung mit den Kindern gab es keinen Ärger.
Es hat mir sehr gut gefallen.
Die Kinder haben sich gerade gewöhnt, und dann geht man schon wieder.
Es hat mir Spaß gemacht. Es ist nett mit kleinen Kindern.

Eine Woche ist zu kurz.
Eine Woche ist o. k.
Spielen war toll.
Die Kinder fangen an, einen zu lieben, sie wollen nicht, dass man geht.
Anfangs gab es Probleme, sich zurechtzufinden.
Ich konnte alleine eine Arbeit finden.
Die Eindrücke aus der eigenen Kindergartenzeit wurden wieder wach.
Es tat gut, es noch einmal machen zu können.
Es war ein großer Unterschied zu meiner eigenen Kindergartenzeit, da gab es weniger Selbständigkeit.
Es wurde mit einem Kind nervig.
Die Kinder nerven. Ab dem dritten Tag war es langweilig.
Es war zu laut.
40 Kinder in einer Gruppe war nicht langweilig.
Man kann durch die Kinder wieder spielen lernen.
Es gab einen schönen Garten.
Eigentlich war es nicht langweilig.
Vor dem Praktikum fand ich ein Kindergartenpraktikum doof, hinterher nicht mehr.
Es ist interessant. was die Kinder machen.
Toll war, wie verantwortlich sich Kinder um Tiere kümmern.
Es gibt Problemkinder.
Es war sehr anstrengend.
Ich sollte zuerst nur Saubermachen.
Kinder vergessen ihren Kummer so schnell, das ist erstaunlich.
Ich werde eine gute Mappe haben.
Die Erzieherinnen wussten nicht, was sie mit mir tun sollten.
Das Spielen hat manchmal genervt. Ich war selber früher so.
Die Kinder haben mich ins Herz geschlossen.
Das An- und Ausziehen war eine Arbeit.
Ich kann jetzt besser mit Kindern umgehen.
Ich hatte an zwei Tagen frei. Es war nervig.
Als Beruf möchte ich das nie machen.
Das möchte ich später vielleicht mal als Beruf machen.
Das ist nicht mein Berufswunsch.
Ich würde gerne dort arbeiten. Ich war ein „Kinderheld“.
Manche Kinder sind zu anhänglich.
Sich durchsetzen war anstrengend.
Die Kinder waren anstrengend.
Malen. Basteln und Spielen war nicht so richtig meine Sache.
Der Umgang mit behinderten Kindern war interessant.
Man versteht die Kinder nicht.
Ich hatte drei Favoriten.
Ich hatte keine Langeweile.
Der Mittagsschlaf der Kinder war langweilig.

Ich musste viel putzen.
Der Sprachgebrauch der Kinder war sehr hart. (Ausdrücke)
Es war stressig, fangen zu spielen und aufs Klo zu gehen.
Wir waren zu dritt aus der Schule und haben draußen Fußball gespielt.
Die Kinder haben eine schwere Sprache.

Tätigkeiten, die im Kindergartenpraktikum ausgeführt wurden:

Ordnungsdienste, abwaschen, Tisch decken, aufräumen, spielen, Fußball spielen, im Sandkasten spielen, basteln, malen, aufpassen, beobachten, Essen austeilen, aufpassen auf schlafende Kinder, rutschen, schaukeln, Fahrrad fahren

Alle Schülerinnen und Schüler haben ihre Eindrücke geäußert. Ihre Aussagen wurden hier wortgetreu wiedergegeben. Sie geben Einblick in die Fülle und Widersprüchlichkeit der Erfahrungen, die Jugendliche nur in der Arbeitswelt und nicht in der Schule machen können.

3. Lehrerinnen und Lehrer

Das Kollegium der Montessori-Schule Potsdam bestand im Schuljahr 02/03 aus 33 Lehrkräften mit dem vergleichsweise jungen Durchschnittsalter von 42 Jahren. Die Arbeit im Kollegium ist durch ständig wechselnde Zusammensetzungen bestimmt, bereichert und auch belastet. Drei verschiedene Gruppierungen des Kollegiums sind beschreibbar. Von den heute 33 Lehrerinnen und Lehrern haben 7 auch schon vor Beginn des Umbaus zur Reformschule an der Schule gearbeitet. Die meisten neuen Lehrer/innen kamen auf eigenen Wunsch an die Schule. Sie wollen Schule anders machen und neu denken, und sie arbeiten mit großem Engagement an sich selbst und am System. Es gab und gibt auch Lehrer/innen, die der Schule aus dem allgemeinen Personalbestand der Stadt zugewiesen wurden und die sich Hals über Kopf in eine völlig neue Schulkonzeption einarbeiten mussten. Je nach individueller Überzeugung und Identifikation gelingt dies mehr oder weniger gut. Die Eltern der Schule fordern zunehmend lautstark, dass nur Lehrer/innen an der Schule arbeiten dürfen, die dies auch wollen. Die allgemeine beschäftigungspolitische Lage im Land Brandenburg und der eklatante Schülerrückgang machen jedoch Ausnahmeregelungen für eine staatliche Schule äußerst schwer. So kommt es zu der schwierigen Situation, dass ein neues Kollegium in einem neuen Bundesland Fragen von allgemeiner und dringlichster bildungspolitischer Bedeutung in einem Schulversuch (Neue Leistungsbeobachtungs- und Beurteilungsformen, Integration von Vielfältigkeit in heterogenen Lerngruppen zur Verbessung der individuellen Leistungsmöglichkeiten und des Schulklimas, Entwicklung von differenzierten Lernmethoden und Motivationskonzepten, Implantation von Teamarbeit) evaluiert. Unterschiedliche Arbeitsverträge, Unsicherheiten bezüglich des Beschäftigungsumfangs und unterschiedliche Identifizierungsgrade mit dem Schulkonzept sind personell bestimmend. Angesichts dieser

Umstände stellt der Aufbau der Reformschule in Potsdam eine hohe Integrationsleistung aller beteiligten Gruppierungen des Kollegiums dar.
Die meisten Lehrkräfte nehmen an zahlreichen Fortbildungsveranstaltungen teil und einige von ihnen leiten auch Lehrerfortbildungskurse. Darüber hinaus öffnen sie ihre Klassen häufig für Hospitanten aus Brandenburg, aus anderen Bundesländern sowie aus anderen Staaten. Aufbau und Evaluation des Schulversuchs fordern von den Lehrkräften darüber hinaus kontinuierlich Dokumentation ihrer Arbeit in Fragebögen, Gruppendiskussionen und Interviews sowie Kooperation mit der Wissenschaftlichen Begleitung (vgl. Punkt 6.). Der ungewöhnlich hohe zeitliche Aufwand in wöchentlichen Teamsitzungen oder Konferenzen, bei gemeinsamen Fortbildungen, bei Reisen, im Austausch mit der wissenschaftlichen Begleitung oder insbesondere beim Verfassen der umfangreichen verbalen Beurteilungen wird in bemerkenswerter Weise akzeptiert. Die Qualitätsmaßstäbe der Schule haben zu einem anderen Verständnis von Lehrerarbeitszeit geführt. Begründet wird diese „freiwillige" Arbeit mit der persönlichen Bereicherung und Kompetenzerweiterung, die viele Kolleginnen dabei erleben. Das Klima im Kollegium ist weitgehend von Bereitschaft und Engagement geprägt, konzentrierte Teamarbeit ist eine Grundlage.

4. Gebäude, Hof, Räume, Einrichtungen

Das in Potsdam-West nahe am Wildpark-Wald und am Sanssouci-Park gelegene Schulgebäude ist 1961 als zweizügige Schule für die Jahrgangsstufen 1 bis 10 gebaut worden. Neben den 20 Klassenräumen stehen einige Fachräume zur Verfügung.
Die „Vorbereitete Umgebung" ist grundlegend für die Montessori-Pädagogik, in der Kinder die meiste Zeit selbsttätig mit vielfältigen Materialien lernen und nur sehr selten anhand von Tafel und Kreide „frontal" belehrt werden. Die Räume aller Lerngruppen sind mit altersgerechten Lernmaterialien ausgestattet. Neben den klassischen Montessori-Materialien finden sich vielfältige Gegenstände, z. B. Naturmaterialien, Computer und technische Medien, Karteikarten sowie Bücher aller Art. Neben den Lernmitteln wurden auch Regale und moderne Schulmöbel beschafft. Schulträger und Elternspenden finanzieren die jedes Jahr wachsende Ausstattung der „Vorbereiteten Umgebung", die das materielle Fundament der Pädagogik der Schule bildet.
Mit Beginn des Umbaus der Schule zu einer Reformschule sind auch die Umbaumaßnahmen in den Innen- und Außenräumen nicht mehr abgerissen. Es kam zu einer langandauernden und schrittweisen Sanierung der Infrastruktur der Innenräume. Neue Fußböden, Lampen, Wandoberflächen, Türen, Thermostate, Fenster, Toiletten, Fahrstuhl und Fachräume wurden während des laufenden Schulbetriebs eingebaut und haben das Lernklima während der Bauphasen nicht unerheblich belastet. Im Hinblick auf die Qualitätssteigerung im gesamten Gebäude wurden diese Maßnahmen des Schulträgers (Stadt Potsdam) natürlich freudvoll getragen. Nach acht Jahren nähert sich die Schule nun Standards, die als Voraussetzung für einen geordneten Schulbetrieb gelten dürfen. Die Räume werden im Sinne des Konzepts für intensive Kontakte zwischen „Kleinen" und „Großen" genutzt: Das Kollegium hat sich dazu entschlossen, die verschiedenen Altersgruppen auch räumlich zu mischen. Auf jedem Flur

„wohnt“ eine junge (1., 2. und 3. Jahrgang), eine mittlere (4., 5. und 6. Jahrgang) und eine alte Klasse (7. und 8. Jahrgang und 9. oder 10. Jahrgang).
Die großzügigen und in aufwändiger Eigenleistung renovierten Flure sind eine wichtige Ausweichstelle für Einzel- und Gruppenarbeit, offiziell vom Sicherheitsinspektor jedoch nur als Fluchtwege vorgesehen. Eines der erfolgreichsten Projekte der letzten Jahre ist die Gestaltung des großzügigen Außengeländes. Der üppige Baumbestand auf dem weitläufigen Schulhof machte es leicht, eine grundlegende Sanierung schnell denken und umsetzen zu können. In vier Jahren ist es in kreativer Zusammenarbeit mit dem Grünflächenamt der Stadt, einem Landschaftsarchitekten und allen Interessengruppen der Schule gelungen eine Oase für Kinder und Jugendliche zu gestalten. Mittelpunkt des Schulhofes ist ein 20 t schwerer Wasserstein, der im Sommer Wasser wie über einen Felsen rinnen lässt, das dann im umliegenden Sand versickert. Das ehemals platte Schotterfeld drum herum wurde mit dem Bodenaushub von anderer Stelle modelliert, so dass es Hügel und Senken gibt. Ein Kletterwald, Kletter- und Trockenmauern, ein offenes Klassenzimmer und ein Schulgarten, ein Festplatz und ein Sinnenpfad im Birkenwäldchen wurden von Kindern, Eltern und Firmen gebaut. Vor dem Eingang der Schule steht ein Kletterfelsen, der aus einer langweiligen Eingangssituation einen Bewegungs- und Kommunikationsplatz gemacht hat. Die ehemals eher „unwürdige“ Eingangssituation wurde durch ein Elternpaar der Schule nach Plänen eines schweizer Architekten zu einem organischen Vorplatz umgestaltet. Weitere Projekte sind geplant und werden nach den sichtbaren und erfolgreichen Vorläuferprojekten mit Elan betrieben. Das Außengelände der Schule ist ein beeindruckender Beleg für die These, dass Ideen und Visionen, je konkreter sie sind, um so mehr Aussichten auf Realisierung haben. Fragt man unsere Schülerinnen und Schüler, was ihnen an ihrer Schule am besten gefällt, wird am häufigsten der Schulhof genannt. Die Meinung der Schüler heute korrespondiert mit den Erkenntnissen Maria Montessoris. Lernen „mit allen Sinnen“ im Kindes- und Jugendalter wird von ihr als unabdingbare Voraussetzung für die Entwicklung einer vielseitigen Intelligenz angesehen. Ein kindgerechtes Außengelände ist eine ideale Ergänzung für einen ganzheitlichen Lernprozess und wirkt spürbar entlastend im tätigen Miteinander. Impulse für dieses wesentliche Element ihres Profils erhält die Schule auch aus den Arbeiten von Hugo Kückelhaus und von dem Schweizer Architekten Otto Schärli, einem Freund der Schule (vgl. Schärli 2001).
Zusammenfassend lässt sich sagen: Die „Vorbereitete Umgebung“ enthält je entwicklungsbezogene Anregungen für die unterschiedlichen Altersstufen. Gleichermaßen ermöglicht sie begreifendes Lernen und bewegtes Lernen. Kinder und Jugendliche haben für ihren Geist und Körper einbeziehendes Lernen große Bewegungsfreiheit. Ihrem Bewegungsdrang können sie nachgehen, indem sie laufend, sitzend, liegend, hockend, stehend ... ihre Tätigkeiten ausführen. Der Arbeit im Außengelände der Schule wird den körperlichen Bedürfnissen der Kinder und Jugendlichen entsprechend viel Zeit gewidmet. Die Verbindung von Natur und Kultur findet in ästhetisch, sportlich und ökologisch geprägten Projekten ihren Ausdruck, Exkursionen und Erkundungen in der Natur, Spiel und Sport auf dem Schulgelände und Tätigkeiten im Schulgarten sind fester Bestandteil der Unterrichtsarbeit. Überall im Schulgebäude sind Bilder und Plastiken – die künstlerischen Produkte der Kinder und Jugendlichen – ausgestellt. Auch davon ist der ästhetische Gesamteindruck bestimmt.

5. Gemeinwesenorientierung, Internationale Kontakte, Kooperationspartner

Die Montessori-Gesamtschule Potsdam versteht sich mit ihrer besonderen pädagogischen Prägung als ein Teil des Schulsystems der Stadt Potsdam und des Stadtteils Potsdam West. Im Stadtteil und im Gemeinwesen der Stadt können Lernfelder für die Schüler erschlossen werden. Außerschulische Lebenswelten sollen für die Schüler erlebbar sein. Sie sollen lernen können, welche Möglichkeiten ein Gemeinwesen für Individuen und Gruppen bietet, aber auch welche Verantwortung der Einzelne für das Gemeinwesen hat. In diesem Sinne trägt die Gemeinwesenarbeit wesentlich zur Identitätsstiftung bei und lässt die Schüler umfangreiche Erfahrungen zur Funktion und Struktur kommunaler Zusammenhänge sammeln.
Die Schule versteht sich als lokales öffentliches und kulturelles Zentrum und kooperiert mit zahlreichen Einrichtungen der Stadt und der Region. Vereine und Betriebe sind hilfsbereit, wenn es darum geht, Kindern und Jugendlichen Einblicke in die außerschulische Lebenswelt zu geben. Ebenso bietet die Schule kulturelle Veranstaltungen für alle am Schulleben Beteiligten und die Bewohner des Stadtteils an. Sport, Musik, Theater, gesunde Ernährung, Kunst und vieles andere mehr sind Angebote, die zum Schulleben gehören und in Zukunft immer größere soziale Bedeutung haben werden. Besondere Bedeutung kommt dabei der Zusammenarbeit mit außerschulischen Trägern der Kinder- und Jugendarbeit zu. Das Interesse gilt hier vor allem auch der Integration behinderter Kinder.
Die Montessori-Gesamtschule steht in gutem Kontakt zum Montessori-Kinderhaus und unterstützt eine neue Kinderhausinitiative in der nahen Schulumgebung. Der Hort der Schule arbeitet gleichfalls nach Montessori-Prinzipien. Viele Erzieherinnen haben eine Montessori-Ausbildung absolviert oder werden durch den freien Träger des Horts (Internationaler Bund – IB) bei ihrer persönlichen Weiterqualifizierung unterstützt. Für Kinder der 1. bis 4. Klasse ist somit am Schulstandort eine ganztägige Betreuung nach recht einheitlichen pädagogischen Konzeptionen möglich.
Regelmäßig tauscht sich die Montessori-Schule mit anderen Schulen aus. Von kleineren oder größeren LehrerInnnengruppen sowie der Schulleitung wurden in den vergangenen Jahren folgende Schulen besucht:

- Reformschule Kassel 1995 (3 Personen)
- Laborschule Bielefeld 1996 (6 Personen)
- Zwei Montessori-Schulen in Hengelo/Niederlande 1997 (9 Personen)
- Montessori-Schule Perugia/Italien 1998 (7 Personen)
- Laborschule Bielefeld 1999 (15 Personen)
- Montessori-Schule Wertingen/Bayern 2000 (20 Personen)
- Freie Schule Nauen 2001 (5 Personen)
- Integrative Gesamtschule Birkenwerder 2001 (3 Personen)
- Montessori-Schule und verschiedene Highschools in Kanada/Ontario 2001 (1 Person)
- Freie Montessori-Schule Wien 2002 (25 Personen)
- Primar- und Sekundarschulen nahe Helsinki/Finnland 2003 (20 Personen).

Pädagogische Reisen gehören zum Fortbildungskonzept der Montessori-Schule. Anregungen aus den genannten Schulen wurden und werden immer wieder in das Schulprofil eingebaut. Fremdwahrnehmung hat sich als ausgesprochen produktives Entwicklungsinstrument erwiesen.
Die Reformschule Kassel und die Laborschule Bielefeld sind Kooperationspartner beim Aufbau der Sekundarstufe I, da diese Schulen ebenfalls Gesamtschulen mit den Klassen 1–10 sind und über vielfältige Erfahrungen u. a. mit Altersmischung und mit verbalen Beurteilungen in beiden Schulstufen verfügen (vgl. Tillmann 1995, Laging/Skorka 1991).
Schließlich wird die Montessori-Gesamtschule Potsdam immer wieder von Sponsoren unterstützt. Sie haben vieles ermöglicht, u. a.: die aufwändige Schulhofgestaltung, den Druck eines Jahrbuches, die Ausstattung mit Computern. Der Förderverein verwaltet jährlich ca. 50.000 Euro aus Spendenmitteln.

6. Schulversuch und Wissenschaftliche Begleitung

An der Montessori-Gesamtschule wurde durch das Ministerium für Bildung des Landes Brandenburg ein Schulversuch eingerichtet. Knappe Landeskassen beschränken die Wissenschaftliche Begleitung erheblich, so dass nur wenige ausgewählte Aspekte untersucht werden können. WissenschaftlerInnen der Universitäten Potsdam, Halle/Saale und Bielefeld kooperieren bei der Evaluation mit Schulleitung und Kollegium. Die Wissenschaftliche Begleitung wurde damit beauftragt, zwei Elemente des Schulprofils zu evaluieren: Die Leistungsbewertung mit Berichtszeugnissen in den Jahrgangsstufen 1–8 sowie die Altersmischung in den Lerngruppen der Klassen 7/8. Inhalt des *Schulversuchs in der Primarstufe* ist die „Entwicklung und Erprobung von schriftlichen Informationen zur Lernentwicklung von Schülerinnen und Schülern durchgängig für die Jahrgangsstufen 1–6 (für die Jahrgangsstufe 3–6 anstelle von Ziffernnoten)" – so das Genehmigungsschreiben des Ministeriums vom 9.10.1998. Das Genehmigungsschreiben für die Primarstufe fordert, dass insbesondere Formen der Leistungsbeobachtung und Leistungsbeurteilung in den Jahrgangsstufen 4/5/6 untersucht werden sollen. Inhalt des *Schulversuchs in der Sekundarstufe* ist laut Genehmigungsschreiben des Ministeriums vom 31.8.1999 „die Entwicklung und Erprobung von schriftlichen Informa-tionen zur Lernentwicklung von Schülerinnen und Schülern in den Jahrgangsstufen 7 und 8 anstelle von Ziffernnoten" sowie „Jahrgangsgemischte Lerngruppe in den Klassenstufen 7 und 8 anstelle von Jahrgangsklassen". Die Laufzeit des Schulversuchs erstreckt sich vom 1.8.1998 bis zum 31.7.2004. Jährliche Zwischenberichte jeweils zum 1.9. eines Jahres und Abschlussberichte zum 1.9.2003 dokumentieren die Untersuchungen. Der folgende Überblick enthält die einzelnen Vorhaben der Wissenschaftlichen Begleitung:

Stufe	Thema	Wissenschaftler/in
Projekt I Primarstufe	„Zeugnisse" – Teilevaluation des Schwerpunkts Leistungsbewertung in verbaler Form bis Klasse 6	Dr. Barbara Wegner, Universität Potsdam

Projekt II Primarstufe	„Leistungsdokumentation" – Kinder im Prisma der Lehrerwahrnehmung – Verfahren zur Leistungs- und Entwicklungsdokumentation	Prof. Dr. Annedore Prengel, Martin-Luther-Universität Halle-Wittenberg, ab Winter 2002/03 Universität Potsdam
Projekt III Sekundarstufe	„Verbale Beurteilung und Altersmischung" - – Entwicklung und Erprobung von schriftlichen Informationen zur Lernentwicklung von Schülerinnen und Schülern in den Jahrgangs stufen 7 und 8 anstelle von Ziffernnoten – Jahrgangsgemischte Lerngruppen in den Klassen 7 und 8 anstelle von Jahrgangsklassen	Prof. Dr. Eiko Jürgens, Universität Bielefeld, Dr. Heidemarie Mickler/ Prof. Dr. Marianne Horstkemper, Universität Potsdam

Neben den Vertretern der Wissenschaftlichen Begleitung haben im Laufe der Jahre eine Reihe weiterer WissenschaftlerInnen sowie andere Fachleute den Schulversuch inspiriert[2].

7. Zur Geschichte der Schule – eine deutsch-deutsche Koproduktion

Die Schule in der Schlüterstraße in Potsdam-West blickt auf eine über 40-jährige Geschichte zurück. Im März 1960 fand die Grundsteinlegung, im September 1961 die Eröffnung und im Oktober 1964 die Namensgebung als „Karl-Liebknecht Oberschule" statt. 1974 wurde die zweizügige Schule mit ihren Klassen 1–10 Übungsschule der damaligen Pädagogischen Hochschule Potsdam, 1983 wurde die Turnhalle eingeweiht und 1986 feierte man das 25-jährige Bestehen.

Die 1989 beginnende Wende des Übergangs von der Deutschen Demokratischen Republik zur Bundesrepublik Deutschland brachte in den folgenden Jahren einschneidende Veränderungen mit sich: 1990 begann die Schule behinderte Kinder zu integrieren, 1993 wurde die erste Montessori-Klasse eingerichtet und 1994 begann der Unterricht mit altersgemischten Gruppen. Im Jahr 1997 wurde der Schulversuch beim Ministerium für Bildung, Jugend und Sport des Landes Brandenburg beantragt, der 1998 genehmigt wurde, was die Erlaubnis mit

[2]Dazu gehören neben vielen anderen, die nicht alle genannt werden können (in alphabetischer Reihenfolge): Prof. Dr. Ursula Carle, Universität Bremen; Prof. Dr. Ursula Drews, Universität Potsdam; Rüdiger Fleisch und Thomas Bierbaum, Share T.E.; Annemarie von der Groeben, Laborschule Bielefeld; Claus Kaul, Institut für ganzheitliches Lernen, Bad Wiessee; Ulrike Lindemann, Communico; Prof. Dr. Hanno Schmitt, Universität Potsdam; Prof. Dr. Jutta Schöler, TU Berlin; Prof. Dr. Rupert Vierlinger, Linz; Prof. Ingeborg Waldschmidt, FU Berlin; Prof. Dr. Wulf Wallrabenstein, Universität Hamburg; Dipl.-Päd. Ute Wirbel, Supervisorin Frankfurt/Main.

sich brachte, abweichend vom regulären Lehrplan bis zur Klasse 8 altersgemischt und mit verbaler Beurteilung zu arbeiten.
Am 17. November 2000 wurde die Schule von Karl-Liebknecht-Oberschule, bzw. der inzwischen häufig verwendeten Bezeichnung „Schule 22“, in Montessori-Gesamtschule umbenannt. In der Feier zur Namensgebung wurden sowohl die neue reformpädagogische Ausrichtung als auch Verbindungslinien zwischen Montessori und Liebknecht reflektiert. Eine Büste Karl Liebknechts wurde im Schulhof aufgestellt und ist integraler Bestandteil der ästhetischen Gestaltung des hinteren Eingangsportals.
Die Schule strebt an, nach dem Ende der Erprobungen im Schulversuch im Jahre 2004 mit ihrem reformpädagogischen Profil auf Dauer Versuchsschule zu werden.

8. Die Montessori-Schule Potsdam im Spektrum deutscher Reformschulen

Im staatlichen Schulwesen der Bundesrepublik Deutschland finden sich nur sehr wenige Schulen, die mit ähnlichen reformpädagogischen Rahmenbedingungen arbeiten, wie die Montessori-Gesamtschule Potsdam. Eine Umfrage in den 16 Kultusministerien aller Bundesländer macht sichtbar, welche vergleichbaren Reformvorhaben es bundesweit gibt[3]. In Deutschland existieren fünf Reformgesamtschulen, die die Jahrgänge 1–10 unter einem Dach vereinen:

- Die Laborschule Bielefeld (Nordrhein-Westfalen)
- Die Montessori-Gesamtschule Potsdam (Brandenburg)
- Die Reformschule Kassel (Hessen)
- Die Jenaplan-Schule Jena (Thüringen)
- Die Glocksee-Schule Hannover (Niedersachsen)

Diese fünf Schulen unterrichten mit den verschiedensten Elementen einer reformpädagogischen Didaktik. Gemeinsamer Unterricht für alle Kinder von Klasse 1 bis 10 und Berichtszeugnisse sind organisatorisch und rechtlich die zentralen Alternativen zum Regelschulwesen. In der Laborschule Bielefeld wird in den Anfangsjahren 0–2 altersgemischt gelernt, von Klasse 3 an beginnen die Schülerinnen und Schüler Jahrgangs-Stammgruppen zu bilden, die bis zum Abschluss nach Klasse 10 stabil zusammenbleiben. Die hessische Reformschule Kassel unterrichtet altersgemischt bis Klasse 10, die thüringische Jenaplanschule bis Klasse 9 und die brandenburgische Montessori-Gesamtschule bis Klasse 8. Schülerinnen und Schüler der Glocksee-Schule werden überwiegend in Jahrgangsklassen unterrichtet, wobei sie die generelle Möglichkeit haben, am Unterricht anderer Klassen teilzunehmen.
Bis in das neunte Schuljahr gibt es an der Glocksee-Schule in Hannover keine Zensuren und keine Notenzeugnisse, stattdessen erhalten die SchülerInnen ausführliche Berichte. Lediglich im Abschlussjahr, der Klasse 10, werden sowohl Zensuren als auch Abschlusszeugnisse erteilt (Köhler/Krammling-Jöhrens 2000). Ausformulierte Lernberichte anstelle von Notenzeug-

[3] Wir bitten um Hinweise, falls von diesen Aussagen abweichende Informationen zu berücksichtigen sind, da es sehr schwierig ist, verlässliche und vergleichbare Erkenntnisse über die heterogenen Bildungslandschaften in den 16 Bundesländern zu gewinnen.

nissen erhalten die Schülerinnen und Schüler der Montessori-Schule Potsdam, der Laborschule Bielefeld und der Reformschule Kassel bis Klasse 8. Die Jenaplanschule in Jena führt die Praxis der verbalen Beurteilung bis zum Schulabschluss fort, erteilt ihren SchülerInnen jedoch ab Ende der Klasse 7 parallel dazu auch Notenzeugnisse (Röhner u. a. 1998).
Neben diesen fünf Schulen, die als Gesamtschulen die Jahrgänge 1–10 umfassen, finden sich eine Reihe weiterer Schulprojekte, die hier erwähnenswert sind, obwohl sie mit anderen Ausgangsbedingungen arbeiten. In Sachsen sind das zwei Schulen, die als Modellversuch geführt werden: die Nachbarschaftsschule Leipzig (NASCH) und eine Schule in Markersbach. Beide arbeiten als Mittelschulen, die Haupt- und Realschulabschluss ermöglichen. Die Schüler werden dabei zwar nach dem Lehrplan des jeweils angestrebten Schulabschlusses unterrichtet, aber dies in gemeinsamen Klassen. Die Jahrgangsmischung in den Klassen wird an der Schule in Markersbach bis zum neunten Schuljahr beibehalten, die Schüler der NASCH arbeiten dagegen ab dem vierten Schuljahr in Jahrgangsklassen. Beide Schulen beurteilen die Leistungen der Schüler bis zum Schulabschluss in Form von Berichtszeugnissen. Dabei werden in Markersbach ab der vierten Klasse, in Leipzig ab siebter Klasse parallel dazu Notenzeugnisse ausgestellt. Neben der Schule in Jena befindet sich in Suhl die zweite Jenaplanschule Thüringens, die über die Primarstufe hinaus als Reformschule arbeitet. Die Ausdehnung des Konzepts auf die Sekundarstufe I hat in Suhl gerade erst statt gefunden. Vorgesehen ist zukünftig auch hier eine Jahrgangsmischung bis in Klassenstufe neun. Die gegenwärtige Praxis der Leistungsbeurteilung soll beibehalten werden, wonach bis Klasse drei ausschließlich Berichtszeugnisse erteilt werden, ab Klasse vier jedoch zu Notenzeugnissen gewechselt wird.
Nach der Befragung der 16 Kultusministerien der Bundesrepublik lassen sich einige allgemeine Aussagen zur Situation an Grundschulen machen: Schülerinnen und Schüler nahezu aller bundesdeutschen Grundschulen erhalten im ersten Schuljahr keine Ziffernzeugnisse, sondern werden anhand von Berichtszeugnissen beurteilt. Bis in Klasse zwei wird diese Praxis immer noch von 10 der 16 Bundesländer beibehalten. In sieben Bundesländern gibt es die Möglichkeit, dies darüber hinaus bis Klasse drei oder vier fortzuführen, sofern die Schulkonferenz oder die Eltern eine Entscheidung dafür treffen. Hamburg ist das einzige Bundesland, das verbale Beurteilung statt Notenzeugnissen grundsätzlich bis in Klasse fünf ermöglicht. Dazu ist jeweils ein Schulbeschluss notwendig. Weitere Nennungen in unserer Erhebung zu verbalen Beurteilungen oberhalb der vierten Klassenstufe beziehen sich auf die oben erwähnten Reform- bzw. Versuchsschulen.
Der bundesweite Überblick ergibt, dass das Ausstellen von Wortzeugnissen über die Primarstufe hinaus als absolute Ausnahme anzusehen ist. Neben den Reformschulen und der Hamburger Regelung ist im *Sekundarbereich* beispielsweise noch die Helene-Lange-Schule in Wiesbaden zu nennen. Hier erhalten die SchülerInnen auch in Klasse fünf und sechs Wortzeugnisse (Becker u. a. 1997).
Schaut man sich die bundesweite Verbreitung der Jahrgangsmischung an Schulen an, so fällt auf, dass sich auch diese zum allergrößten Teil im Grundschulbereich abspielt. Sie ist dort noch einmal stark konzentriert auf die ersten beiden Schuljahre. Dem Rechnung tragend bezieht sich auch der folgende Vergleich nur auf den Zeitraum der ersten vier Schuljahre. In sechs Bundesländern gibt es jahrgangsübergreifenden Unterricht nur in Einzelfällen. Meist sind das Schulversuche. In den übrigen Ländern wird in einer Größenordnung von 4–20 %

der Grundschulen jahrgangsübergreifend unterrichtet. Hier ist Thüringen mit Abstand an erster Stelle zu nennen. Ca. 20 % der Grundschulen unterrichten altersgemischte Klassen – jedoch fast ausschließlich die Stufen 1 und 2. In einer Größenordnung um 10 % findet dies im Grundschulbereich von fünf weiteren Bundesländern statt: Mecklenburg-Vorpommern, Hessen, Bremen, Bayern und Brandenburg. Zwischen 4 % und 7 % liegt der Anteil in den Ländern Baden-Württemberg, Berlin, Niedersachsen, Rheinland-Pfalz.
Häufig findet jahrgangsübergreifender Unterricht aus organisatorischen, also nicht vorrangig aus pädagogischen Beweggründen statt. Die Klassen werden wegen zu geringer Schülerzahlen zusammen gelegt und gemeinsam unterrichtet. So kommt es aufgrund der unterschiedlich starken Jahrgänge in einigen Bundesländern zu variierenden Kombinationen der Jahrgangsmischung. Ungefähr sieben Bundesländer erproben altersgemischtes Lernen in diversen Schulversuchen[4], die sich zum Teil direkt dieser Unterrichtsform widmen oder auch noch weitere Elemente der Schulentwicklung enthalten. Hervorzuheben wäre hier Baden-Württemberg, wo alle Schulen, die jahrgangsübergreifend unterrichten, dies im Rahmen von Schulversuchen tun (Prengel/Geiling/Carle 2001).
Betrachtet man die Sekundarstufe, so findet man nur äußerst selten Schulen, die auch in höheren Klassenstufen mit Jahrgangsmischung arbeiten. Wie schon im Grundschulbereich präsentiert sich auch hier Thüringen als recht innovativ. Mehr als 30 Schulen erproben in der Sekundarstufe Formen altersgemischten Lernens, sechs davon übergreifen mehr als drei Klassenstufen. In Baden-Württemberg lernen Schülerinnen und Schüler an 40 Hauptschulen im Rahmen von Schulversuchen gemeinsam in den Klassenstufen fünf und sechs. Darüber hinaus wird altersgemischtes Lernen im Sekundarbereich noch an den zu Anfang des Kapitels erläuterten Reformschulen praktiziert. Bei Schulklassen, die nur aus Kindern von Aussiedlern zusammengestellt sind, findet man oft eine Altersmischung vor, die mehr als vier Jahrgänge, auch im Sekundarbereich, übergreift. Hier liegt es auf der Hand, dass dies organisatorischen Anforderungen geschuldet ist.

9. Reformpädagogik nach PISA

Welchen Beitrag leisten Reformschulen in Deutschland zur Verbesserung des Bildungswesens nach TIMSS und PISA? Es gibt Reaktionen auf das schlechte Abschneiden Deutschlands in internationalen Leistungsvergleichen, in denen Offener Unterricht kritisiert und mehr direkte Instruktion, Leistungsdruck, Kontrolle und Bewertung gefordert werden. Mit diesen Maßnahmen wird ein zentrales Problem des deutschen Schulwesens, das Produzieren von Versagen und Scheitern durch das System selbst, aber eher verschärft. Ein Konkurrenzsystem mit Aufnahmekontrollen und Zurückstellungen schon bei der Einschulung, Sitzen bleiben, Sonderschuleinweisungen, Schulabsteigen und Einordnen in die Notenskala von 1 bis 6 bestimmt den Alltag. Aussortieren und Herabstufen sind Wesensmerkmale der deutschen Schule, die manche jetzt noch verschärfen wollen, um die Schulleistungen zu steigern.

[4] Eine möglicherweise ungenaue Angabe, da die Schulversuche jeweils zeitlich begrenzt sind und nicht immer die aktuellsten Informationen zugänglich waren, die Aufschluss über Verlängerung oder Auslaufen eines Schulversuchs geben.

Reformpädagogische Schulen geben eine andere Antwort auf PISA, die zahlreiche Anknüpfungspunkte an in der PISA-Studie sehr erfolgreiche Staaten bieten – an Kanada, Finnland, Schweden zum Beispiel (vgl. von der Groeben 2002; Kahl 2002). Untersuchungen in den reformpädagogisch arbeitenden Gesamtschulen belegten bemerkenswert gute Schülerleistungen (vgl. Vieluf 2003). Die Schule mit den besten Ergebnissen dieser Untersuchung arbeitet mit altersgemischten Gruppen, verzichtet auf Klassenarbeiten und bis zum 8. Schuljahr auf Zensuren (Köller, Trautwein 2001).
Die wenigen deutschen Gesamtschulen, die Klassenstufen 1 bis 10, also Primarstufe und Sekundarstufe in einer Schule umfassen, realisieren also hierzulande ein zentrales Strukturmerkmal der genannten erfolgreichen Länder. Die Montessori-Schule Potsdam leistet, wie andere Reformschulen, einen Beitrag zur Innovation des deutschen Schulwesens durch ihre Entwicklungsarbeit.

10. Persönliche Erfahrungen von LehrerInnen und Eltern

10.1 LehrerInnen

Die folgenden Abschnitte enthalten persönliche Erfahrungsberichte von Lehrerinnen der Potsdamer Montessorischule. Auf die Bitte der Verfasserinnen dieses Schulportraits an das Kollegium, mit eigenen Texten dazu beizutragen, reagierten drei Kolleginnen, die alle lange Jahre zuvor in Brandenburger Schulen tätig waren.

Erfahrungen mit der Montessori – Pädagogik
Von Kristine Göhlich, Lehrerin der Klassenstufe 1 bis 3
Meine erste Bekanntschaft mit der Montessori-Pädagogik machte ich zu Anfang der Wende-Zeit bei einer Fortbildung. Uns wurde dabei die Arbeitsweise mit Montessori-Material demonstriert. Da ich zum damaligen Zeitpunkt schon an meiner heutigen Schule unterrichtete, die sich gerade als Integrationsschule zu profilieren versuchte, war ich von der klaren Arbeitsweise mit den Montessori-Materialien begeistert, die mehrere Bereiche der sinnlichen Wahrnehmung anregten. Für einen Lehrgang an einem Montessori-Grundkurs entschied ich mich dann sehr schnell, weil das Schulamt der Eröffnung einer Montessori-Klasse zustimmte. Während meiner Ausbildung im Montessori-Kurs gelangte ich dann zu der Erkenntnis, dass nicht nur das Material eine Faszination auf mich ausübte, sondern auch die umfassende Denkweise in Bezug auf das Kind und die Welt insgesamt. Das erschien mir wichtig, wenn ich die Sache nicht nur halbherzig angehen wollte. Und ein voller Einsatz wurde auch sofort notwendig als ich meine erste Montessori-Klasse übernahm, denn diese war sogleich altersgemischt mit den Klassenstufen 1 und 2. Ein Jahr später kam dann noch die 3. Klasse hinzu, aber dann war dies schon eine große Erleichterung für mich, und es ist immer wieder eine erfreuliche und beruhigende Feststellung wie unkompliziert sich die "neuen" Schüler der ersten Klasse eingewöhnen und auch zurechtfinden. Inzwischen lernen an unserer Schule Kinder und Jugendliche im Altersbereich von 6 bis 16 Jahren. Im vergangenen Schuljahr hatte eine Klasse 7/8 ihren Klassenraum direkt neben dem unseren mit Schülern der Klassenstufen 1 bis 3. Und siehe da, diese enge Nachbarschaft verlief ohne nennenswerte Konflik-

te! Mein Eindruck war, dass sich mehr gegenseitige Rücksichtnahme herausbilden kann als in den Fällen, wo sich die einzelnen Altersgruppen separat auf einem Flur befinden. So bestätigten sich bei meinen Beobachtungen während einer mittlerweile achtjährigen Tätigkeit als Montessori-Lehrerin immer wieder die wichtigsten Prinzipien dieser Pädagogik. Wenn ein Kind die Möglichkeit hat sich seine Tätigkeit selbst zu wählen, um seine sensiblen Bedürfnisse und Interessen zu befriedigen, so wirkt sich eine konzentrierte Tätigkeit mit einer Polarisation der Aufmerksamkeit auch auf andere Lernbereiche aus. Ein Beispiel dazu ist für mich eine bleibende Erinnerung. Ein Schüler der zweiten Klasse hatte noch Schwierigkeiten beim Schreiben. Er schrieb immer noch mit Druckbuchstaben, manche auch seitenverkehrt. Während der Freiarbeit bat er mich darum, ihm die "Große Division" zu zeigen. Meine anfängliche Skepsis verflog als ich bemerkte mit welcher Ruhe und Aufmerksamkeit er bei der Sache war. Alle Zahlen schrieb er exakt, und er verglich und kontrollierte immer wieder bevor er zum nächsten Arbeitsschritt überging. Über mehrere Tage hinweg war die "Große Division" seine Beschäftigung während der Freiarbeit. Als er sich danach wieder andere Arbeiten aussuchte, stellte ich erfreut fest, dass er auf einmal auch viel besser schreiben konnte. Wenn ich auf meine bisherigen Erfahrungen zurückblicke, so war ich immer eine "Lernende", und ich bin es immer noch, denn das Schulkonzept brachte viele neue Herausforderungen mit sich. Das bezieht sich nicht nur auf die eigentliche Arbeit im Unterricht mit den Schülern, sondern auch auf das Verhältnis zu den Eltern unserer Schule ohne die manches nicht möglich gewesen wäre. Bei gemeinsamen Vorhaben konnten wir nicht nur miteinander reden, sondern auch zusammen arbeiten im wahrsten Sinne des Wortes. Das ist für mich ein möglicher Weg zu mehr Achtung und Vertrauen.

Beobachtung, Berücksichtigung, Behutsamkeit – Erfahrungsbericht

Von Gabriele Mann, Lehrerin der Klassen 1/2/3

Nach dem Abschluss meines Studiums begann ich 1974 mit der praktischen Tätigkeit. Ich erarbeitete mir über einige Jahre hinweg das Rüstzeug zur Bewältigung des vorwiegend angewandten Frontalunterrichtes. Hinweise und Erläuterungen zu alternativen Lehr- und Erziehungsmethoden wurden während des Studiums nur andeutungsweise gegeben und fanden meiner Meinung nach in der Praxis nicht die ihnen zustehende Beachtung. Meine Berufspraxis zwang mir jedoch mit den Jahren immer öfter den Gedanken an einen „Dompteur" auf, dem es mehr oder weniger gut gelingt seine Schulklasse in einen Gleichklang zu bringen – mit dem Ziel: Allen Schülern zum gleichen Zeitpunkt das Gleiche beibringen zu können.

Die Lektüre des Buches „Montessori: Kinder sind anders" bestätigte mir dann, dass es nicht notwendig ist vor das Lehren die Disziplinierung einer Klasse zu stellen; von den Erziehungseffekten, die sich daraus ergaben, ganz zu schweigen. Ab August 1994 hatte ich dann die Gelegenheit, nach der Absolvierung eines Montessori-Lehrganges in Berlin, meine Vorstellungen von einer kindgerechten Pädagogik, gekoppelt mit meiner Berufserfahrung in die Praxis umzusetzen.

Auch aus heutiger Sicht mache ich in keinerlei Hinsicht Abstriche bezüglich der Methode von Maria Montessori. Jedes Kind kann ohne einer Schablone gerecht werden zu müssen, seinen Weg zur Ausbildung seiner Persönlichkeit finden. Kinder, die auf diese Art und Weise ihren Arbeitsstil gefunden haben werden gewiss mit mehr Selbstsicherheit auftreten und zielstrebiger ihr Leben gestalten. Besonders wichtig erscheint mir dabei das gesunde Verhältnis zwischen dem Individualismus eines Menschen und seiner sozialen Kompetenz. Auch im modernen Management legt man

heute großen Wert darauf. Loyalität und soziale Kompetenz sind Schlüsselwörter für eine effektive Mitarbeiterführung geworden. Mein Ansinnen ist es nun behutsam Einfluss auf die emotionale und intellektuelle Entwicklung der Kinder zu nehmen. Sie sollen, natürlich auch über Regeln und mit Konsequenz, fundamentale Eigenschaften erwerben, die nicht nur Wissensanhäufung und kräftige Ellenbogen begünstigen.
Mein Wunsch wäre es, dass schon im Kindergarten bzw. bei der häuslichen Erziehung im Vorschulalter mehr Wert auf die positiven Erlebnisse der elementaren sozialen und sinnlichen Eindrücke gelegt würde.
Seitdem ich aktiv nach den Erkenntnissen der Montessori-Pädagogik arbeite, erlebe ich immer wieder die Freude der Erkenntnis: – Es funktioniert! – Nach 7 Jahren bewusster und aktiver Montessori-Pädagogik bin ich heute um so mehr davon überzeugt, dass dadurch Menschen erzogen werden, die Freude an der Arbeit haben und auch wissen, wie man arbeitet. Dazu drei konkrete Begebenheiten:

*1. Birgit *, Jahrgangsstufe 3*
Birgit wollte seit Beginn des Schuljahres von sich aus nicht alleine arbeiten. Für sie sind Kommunikation und soziale Anerkennung wesentlich wichtiger als Lernerfolge und die Selbsterfahrung der eigenen Leistungsfähigkeit hatte sie noch nicht gemacht.
Gemeinsam mit ihrer Freundin plante sie vor zwei Wochen die Ausarbeitung eines Vortrages. Die Vorbereitungen waren noch von Unruhe und ziellosem Suchen nach einer Lösung gekennzeichnet. So richtig wollte der Vortrag keine Gestalt annehmen. Nun wurde aber nach einigen Tagen die Freundin krank und vor Birgit stand plötzlich die große Verantwortung.
Ohne mir etwas davon zu sagen nahm sie die Herausforderung an. Mit Elan und immer mehr Konzentration widmete sie sich ihrer Arbeit. Eines Tages bemerkte sie noch nicht einmal, dass der Raum schon leer war, denn alle anderen waren auf dem Pausenhof. Birgit blieb dabei, denn sie kannte den Vortragstermin!
Mein erster Gedanke war, dass es gut war Birgit nicht zur Ausarbeitung eines eigenen Vortrages zu drängen. Der Zufall und der Umstand, dass Birgit für eine größere selbstständige Arbeit „reif" war, sorgten dafür, dass sie zwei besonders wichtige Erfahrungen aus sich selbst heraus machte: verantwortlich zu sein und das Glück der Polarisation zu erleben.

2. Jan, Jahrgangsstufe 3*
In einer Pause wollte Jan so wie bisher auch auf meinen Wunsch hin nicht den Raum ausfegen. Dies und der Erfolg seiner Weigerung wurden natürlich auch so wie bisher von den anderen Kindern beobachtet.
Als nun Jan nach der Pause im Stuhlkreis seine selbst geschriebene Fabel vorlesen wollte bekam er von den Kindern eine Quittung „Wenn du nicht ausfegen möchtest, dann wollen wir auch nicht deine Fabel hören".
Wie automatisch ergab sich daraus die ungewöhnliche Bemerkung von Jan, dass er nun doch ausfegen wolle.
Bloß gut, dass die Bemerkung von den Kindern gekommen ist. Ganz sicher bin ich mir noch nicht, ob da zwei Probleme vermischt worden sind. Gefühlsmäßig ist es mir jedoch sofort klar, dass man nicht nur die angenehmen Seiten des Lebens miteinander teilen kann.

** Alle Namen geändert.*

*3. Luise *, Jahrgangsstufe 1*
Luise kommt immer sehr freudig in die Schule. Nach ihrer Meinung ist sie aber auch genau so gern zu Hause, denn da ist ja ihr Meerschweinchen.
Zu Beginn des Schuljahres bemalte Luise hauptsächlich weiße Blätter, widmete sich aber nie einer Beschäftigung über einen längeren Zeitraum. Dann aber kam sie zu mir und wollte mit der Sandkiste und den Buchstaben die Schreibschrift erlernen. Ihr Kommentar: „Jetzt habe ich eine Arbeit gefunden, die mir wirklichen Spaß macht!“
3 Tage lang beschäftigte sie sich allein mit diesem Thema, danach wurde etwas Zeit vertrödelt. Wieder einige Tage später wartete sie dann morgens täglich auf mich und bat um neue Demonstrationen. Auf meine Bemerkung, dass sie doch schon einmal gezeigte Materialien benutzen könne sagte sie, dass sie es sich nicht merken könne wie es „geht“.
Manchmal habe ich das Gefühl, dass ich Kinder vernachlässige. Jedoch findet jedes Kind seinen eigenen Weg zur Selbständigkeit. L. möchte nun eben von mir den nötigen Start-„Schubs“ bekommen. Ich denke, dass Luise von meinen Anregungen nicht abhängig wird und irgend wann bestimmt nicht mehr zu mir kommen will. Denn dann wird sie es gelernt haben, auf welche Art und Weise sie ihr Ziel erreichen kann.

Die Beispiele zeigen, dass es für das Handeln des Lehrers nie eindeutige Rezepte geben wird, aber meine drei großen „B's“ haben mir bisher geholfen, mich zu orientieren: Beobachtung jedes einzelnen Individuums, Berücksichtigung möglichst vieler Nuancen und sozialer Bindungen und behutsame Einflussnahme.

Ideale sind wie Sterne: Man kann sie nicht erreichen, aber man kann sich nach ihnen richten – Erfahrungsbericht

Von Tina Reimann, Lehrerin der Klassen 4/5/6 und Primarstufenleiterin.
Nun ist es schon fast 10 Jahre her, dass sich mein Leben total änderte. Damals leitete ich eine 4. Klasse und begann im Unterricht binnendifferenziert zu arbeiten, da unsere Schule viele SchülerInnen mit Behinderungen aufnahm, eigentlich nur aus einem einzigen Grund: Die Schule vor der Auflösung zu bewahren. In meiner Klasse unterrichtete ich lebensnah. Wir wanderten über Wiesen und beobachteten Schmetterlinge, besuchten den Förster in der Waldschule, badeten am See, besuchten Lesungen in der Bibliothek, Eltern erzählten von ihrer Arbeit und wir spielten Theater. Viele Aufführungen fanden dann in Krankenhäusern und Pflegeheimen, vor allem in der vorweihnachtlichen Zeit, statt. Gemeinsam erlebten wir eine glückliche Zeit und die Kinder waren fröhlich und zufrieden. Viele Eltern wollten allerdings eine andere Schule. Für sie stand die abfragbare Leistung im Vordergrund. Sie meinten gute Zensuren seien die Grundlage für das künftige Leben in einer Leistungsgesellschaft und ein gewisser Druck könnte nicht schaden, denn aus ihnen sei ja auch etwas geworden. In dieser Zeit war ich sehr traurig, denn ich wollte etwas anderes: Ich wollte den Kindern bei allem Lernen auch ihre Kindheit erhalten.
Später meldete ich mich für einen Montessori-Kurs (bei C. Kaul) an. Noch nie in meinem Leben habe ich so viel gelernt und Dinge in Frage gestellt, die eigentlich selbstverständlich waren. Meist gehörte ich abends zu den letzten Teilnehmerinnen, die die Erlöserkirche in Potsdam (Tagungsort)

verließen: Völlig erschöpft und doch unheimlich glücklich und zufrieden. Danach probierte ich gleich alles aus in meiner Klasse ohne die Eltern vorher zu informieren. Geburtstagskreis, Experimente mit Wasser und Anfänge der Freiarbeit mit selbstgebasteltem Material. Die Kinder spürten wohl meine ehrliche Begeisterung und sogen intensiv alles auf. Es begann eine neue Zeit unseres Zusammenarbeitens. Ich fing an jedes einzelne Kind ganzheitlich zu betrachten und seine Leistungen im Zusammenhang mit Herz und Verstand zu sehen. Einerseits fühlten die Eltern wohl die neue Qualität meiner Arbeit, andererseits bestanden sie weiterhin auf ihrer alten Schule. Doch wir begannen gemeinsam über wichtige Dinge des Lebens zu sprechen und es entwickelte sich eine tiefe Zuneigung und ein Gefühl der Vertrautheit und Achtung voreinander, dass ich heute noch fühlen kann, wenn ich daran denke. Mit einigen Eltern stehe ich noch in Kontakt und sie fragen mich stets zuerst, was meine Schule macht. Schon beim Erzählen merken sie, dass ich sehr glücklich bin.

Danach wurde alles lebendiger, denn ich übernahm – nach der geschilderten Arbeit in einer Regelklasse – erstmals eine Montessori-Klasse und begleite Kinder in dieser Gemeinschaft schon über viele Jahre. Ich lernte, wie Schule sich verändert und wie auch mein Denken und Tun in Bewegung kam und ich den Kindern völlig andere Lernbedingungen schaffen konnte. Dabei ist Klarheit die unabdingbare Voraussetzung. Das Ja- und Nein-Sagen muss mit dem eigenen Wollen übereinstimmen. Den Kindern schaffte ich äußere Bedingungen, wie die vorbereitete Umgebung und beobachtete sie genau, um ihre Individualität zu fördern. Kinder sind die Hoffnung der älteren Generation. Ihre Natürlichkeit und Spontaneität bedarf der Begleitung von LehrerInnen und nicht deren Machtausübung, das ist meine feste Überzeugung.

Die Unterschiedlichkeit meiner SchülerInnen als pädagogisches Prinzip anzuerkennen bedeutet für mich, nicht mit Noten eine Rangfolge innerhalb der Klassengemeinschaft, sondern Förderung der die individuelle Entwicklung, Selbständigkeit, Selbstbewusstseins zu fördern und dafür zu sorgen, dass jeder so sein kann wie er ist. Kinder sollen Stärken und Schwächen zeigen können und sich nicht mit ihren Fehlern verstecken zu müssen. Nein – jeder darf daraus lernen und hat das Recht auch Fehler zu machen, natürlich auch ich als Lehrerin an meiner Montessori-Schule. Meine SchülerInnen zu verstehen und den Weg zu ihren Herzen zu finden ist immer auch der Umgang mit mir selbst. Manchmal bin ich müde und fühle mich wie zerschlagen. Dann ist es für mich wichtig, schöne Dinge zu erleben, ans Meer zu fahren, mit mir liebgewordenen Menschen zu lachen, zu weinen und viel Neues, neugierig wie ein Kind, zu betrachten. Außerdem weiß ich ja, ich erkenne meine Schüler an und werde von ihnen anerkannt – eins der schönsten Geschenke auf dieser Erde. So finde ich neue Energie für die tägliche Arbeit mit meinen SchülerInnen und habe auch manche Schwierigkeit gemeistert.

Ein Kunstprojekt

Besondere Erfahrungen machte ich im Schuljahr 02/03 in meiner Klasse (4/5/6) mit einem Kunstprojekt, bei dem mich eine Künstlerin unterstützte. Ich möchte die Arbeitsschritte hier in Stichworten vorstellen.

– Zu Beginn bot ich den Schülern Kunstpostkarten aus verschiedenen Jahrhunderten an.
– Jeder Schüler wählte sich eine Karte aus.

– *Jeder Schüler beschrieb seine Karte anhand der Fragen: Warum habe ich mir genau dieses Kunstwerk ausgesucht? Was ist dargestellt? Wie ist es dargestellt (formen, Farbe, Pinselduktus, Komposition)?*
– *Die Klasse unternahm eine Exkursion zum Berliner Kunstmuseum Hamburger Bahnhof, wo eine Führung durch die Ausstellung „Amerikanische Malerei nach 1945 durch den Museumspädagogischen Dienst stattfand. An Werken von Robert Rauschenberg, Roy Lichtenstein, Andy Warhol wurden Fragen nach Komposition und Farbe, Abstraktion, Bildträger, Farbauftrag, Pinsel besprochen.*
– *In der Schule stellten die Schülerinnen und Schüler einen Bildträger aus Rahmen, Stoffbespannung und Grundierung her.*
– *Die Kinder erstellten mit dem Pinsel (nicht mit Bleistift) Entwürfe auf Papier in Grundfarben (ohne schwarz und weiß) und diskutieren ihn anhand der Frage nach Komposition durch Form und Farbe.*
– *Die Themen wurden von den Kindern frei gewählt.*
– *Die Arbeit auf der Leinwand wurde begleitet von ständigen Einzelgesprächen über Komposition, Farbauftrag, Farbwahl.*
– *In Besprechungen in der Klasse stellte jeder Schüler die Arbeit eines anderen vor, dabei wurde darauf geachtet, dass sie Hemmungen überwinden und ein Bild nach Format, Genre, Technik, Komposition, Form und Farbe lebendig beschreiben konnten.*
– *Die Kinder kamen auf den Gedanken, mit den entstandenen Arbeiten eine Ausstellung zu organisieren. Alles wurde von den Schülern allein geplant und sie teilten sich ein in Arbeitsgruppen zu verschiedenen Aufgabenfeldern. In regelmäßigen Treffen wurde der Stand der Dinge diskutiert und korrigiert. Dazu gehörten die Themen, Raum, Zeit, Hängung, Beschriftung, Katalog, Postkarten, Kalender, Eröffnungsrede, musikalischer Rahmen (auf die Ausstellung abgestimmt), Buffet, Führungen.*
– *Am 28. 6. 2002 wurde die Ausstellung mit vielen Gästen eröffnet. Sie wurde ein Riesenerfolg, vor allem für die Kinder. Ihre Arbeit hat sich gelohnt und es hat sich eine tiefe Zufriedenheit eingestellt.*

Dieses Kunstprojekt ist nur ein Beispiel dafür, wie ich meine Vorstellung von Schule in der täglichen Arbeit verwirkliche.

10.2 Eltern

Hier kommt die Mutter eines „Quereinsteigers“ zu Wort, die persönliche Erfahrungen mit dem Schulwechsel schildert.

Über einen glücklichen Schüler in der Montessori-Gesamtschule
Von Gundel Buckhout
Ich erzähle heute über meinen Sohn, der in der 8. Klasse von einem Gymnasium zur Montessori-Gesamtschule gewechselt ist. Durch den Beruf des Vaters sind wir oft umgezogen und haben uns immer wieder neu einleben müssen. Für Kinder ist dies oft nicht leicht, neue Freunde zu finden und sich in den Klassen einzugewöhnen. Elternarbeit in der Schule war für mich immer selbstver-

ständlich. Dadurch hatte ich immer Einblick in die Beziehungen zwischen Lehrern und Schülern, die Situationen in den Klassen, sowie die Schüler untereinander. So war es auch im Gymnasium. Es fing an im letzten halben Jahr in der 6. Klasse der Grundschule. Alle Kinder konkurrierten miteinander und das wichtigste Thema war: Zum Gymnasium zu gehen. Nur die eine Möglichkeit kam in Frage, andere Alternativen wurden gar nicht erst überlegt. Die Bauchschmerzen wurden mehr, die Schulunlust wuchs. Nach den Sommerferien kam der große Tag in der 7. Klasse Gymnasium – das Probehalbjahr stand bevor! Enorme Erwartungen von allen Seiten. Der häufigste Satz war: „Jetzt fängt der Ernst des Lebens an ...!" Es hörte sich nicht mehr nach Spaß, Motivation oder Neugier an, sondern nach Fleiß und Disziplin – sonst schafft man das Probehalbjahr nicht. Die Kinder kamen nach Hause und erzählten immer, wer es besser geschafft hatte und wer es natürlich überhaupt nicht schaffen wird. Dann war auch diese Hürde des Probehalbjahres geschafft, aber das Pensum blieb gleichmäßig fordernd. Es wurde von allen Kindern zum gleichen Zeitpunkt das Gleiche verlangt. Kinder sind aber unterschiedlich, der eine ist halt schneller und der andere versteht nicht so schnell. Im normalen Schulsystem wird das nicht berücksichtigt. Dann entschied ich für meinen Sohn den Wechsel in die Montessori-Schule, nachdem ich selber einen Informationsabend besucht und mich mit der Schulleiterin unterhalten hatte. Ich nahm meinem Sohn einfach die Entscheidung ab, da er ständig Bauchschmerzen hatte, viel Kopfschmerzen und wenig Lust am Montag zur Schule zu gehen. Das war nicht ganz einfach. Ich hatte ihm vorher mehrfach angeboten, einige Schnuppertage in der Montessori-Schule zu machen – es wurde strikt abgelehnt. Auch am Tag der offenen Tür war kein Interesse da. Am 1. Schultag in der Montessori-Schule war großer Schülerempfang mit Eltern in der Turnhalle. In der Schule und in der Turnhalle standen Vasen mit Sonnenblumen – welch ein warmer Empfang. Schüler tanzten, spielten Theater und trugen eigene Beiträge frei vor. Mein Sohn war sehr still, schaute aber interessiert zu. Man sah Zustimmung in seinem Blick. Dann wurden die Klassen eingeteilt. Die Klassenlehrer riefen die Schüler auf und begrüßten sie herzlich. Es war eine heitere, lockere Atmosphäre. Der Schulhof – ein Ort zum Entspannen, mit Wasserläufen, Platz zum Toben, Klettern, aber auch zum Verstecken im Wäldchen oder zum Verweilen bei den Pflanzen – einfach klasse! Mein Sohn kam heiter nach Hause und machte einen glücklichen Eindruck. Von da an ging es stetig bergauf. Die erste Kennen-Lern-Woche war ein voller Erfolg. Da die Klassen jedes Jahr neu gemischt werden, waren alle Kinder interessiert, sich gegenseitig kennen zu lernen. Sie waren neugierig und offen zueinander. Eine ganz neue Erfahrung! Durch die Gruppenarbeit in der ersten Woche wurden schnell soziale Kontakte geknüpft – es entstand in sehr kurzer Zeit ein Klassenverband. Durch die Altersmischung der Klassen 7 und 8 entwickelten die Kinder im Laufe der Zeit eine Sensibilität für jüngere Schüler und übernahmen schnell Verantwortung. Auch eine neue Erfahrung, nicht immer leicht, aber durch Gespräche lösbar. Auch die sozialen Unterschiede waren nie ein richtiges Problem, da sie immer aufgegriffen und besprochen wurden. Obwohl es Jugendliche gibt, die rauchen, ist die Mehrheit der Schüler immer stolz, eine rauchfreie und drogenfreie Schule zu besuchen. Es gab auch Rechtsradikalismus an der Schule. Die Schwierigkeiten wurden sofort in Klassenkonferenzen diskutiert, es wurde nach Lösungen gesucht und Konsequenzen gezogen. Auch für mich als Mutter war es eine ganz neue Erfahrung, dass diese Probleme verbalisiert und angegangen und nicht hingenommen wurden. Die Schüler der Klassen waren immer an den Diskussionen beteiligt. Jetzt ist mein Sohn in die 9. Klasse gekommen und er ist ein großer, aufgeschlossener, heiterer Schüler geworden. Er geht gerne zur Schule, bringt sich freiwillig ein, hat einen aufrechten Gang und sein Blick ist aufgeschlossen, interessiert und offen. Seine

Pflichten nimmt er selbständig in die Hand und ist auch bereit, sich in der Klasse für Probleme zu engagieren. Das Verhältnis zwischen Lehrern und Schülern ist ungewöhnlich aufgeschlossen. Sie werden respektiert und der Umgangston ist freundlich partnerschaftlich. In den Pausen verbringen sie gemeinsam Zeit miteinander. Die Klassenfahrten verlaufen kameradschaftlich und ohne Probleme – es fahren alle gerne! In den Projektwochen sind die Schüler erstaunlich diszipliniert und lernen dabei, Themenbereiche selbständig zu erarbeiten und auch die Resultate vor einer Gruppe vorzutragen.
Ich, als Mutter, kann mir eine schönere Schulzeit nicht vorstellen!

Durch den intensiven Kontakt zwischen Lehrkräften und Eltern in Gesprächen, auf Elternabenden und Elternworkshops auf Klassen- und Schulebene kommen die Gedanken und Empfindungen der Eltern deutlich zum Ausdruck. Insgesamt lässt sich sagen, dass sehr viele Eltern die Lernfreude, die Selbständigkeit, die Wissenszunahme und das soziale Lernen ihrer Kinder an dieser Schule sehr schätzen. Gleichzeitig werden aber auch viele aus Elternsicht **kritische Punkte** diskutiert, dazu gehören Fragen nach der Transparenz von vorgegebenen Leistungsanforderungen und Strukturen, Wünsche nach noch mehr oder aber auch nach weniger Freiheit beim Lernen, Fragen nach der Vergleichbarkeit der Leistungsstände, die Kinder in einzelnen Fächern erreicht haben und immer wieder Fragen nach der Bedeutung der Akzeptanz individueller Lernwege. Schulleitung und Kollegium suchen nach den Rückmeldungen der Eltern, setzen sich mit ihnen auseinander und beziehen sie in die Schritte der Weiterentwicklung des Schulprofils ein.
Hervorzuheben ist, dass der Schulversuch ohne das enorme Elternengagement nicht verwirklichbar wäre. Ein Beispiel dafür ist die Elternwoche im Sommer 2002, in der die Eltern Projekttage für die Schülerinnen und Schüler durchführten, so dass es den Lehrern möglich war, in dieser Zeit die Pensenbücher und Lernmaterialien zu erstellen. Die Woche mit ihren Licht- und Schattenseiten wurde von den Eltern in einer 40-seitigen Broschüre dokumentiert.

11. Analyse und Ausblick: Eine „Baustelle" mit Stärken und Schwächen

In diesem letzten Teil des Schulportraits soll eine erste Zwischenbilanz gezogen werden. Das schon Erreichte und noch offene Entwicklungsaufgaben werden aufgezeigt, die Bedeutung der Schule wird eingeschätzt.
Wenn man die Jahre des Aufbaus der Montessori-Gesamtschule rückblickend überschaut, fällt zuallererst ins Auge, was die Beteiligten erreicht haben: Die Schulgemeinde der Kinder, Jugendlichen, Eltern, Lehrkräfte und Schulleitung hat, unterstützt durch Schulträger, Schulaufsicht, Ministerium, Wissenschaftliche Begleitung und einen großen lokalen und überregionalen Freundeskreis eine einzigartige Reformschule geschaffen. Besonders daran ist, dass ein heterogen aus „Ossis" und „Wessis" zusammengesetzter Personenkreis gemeinsam erreicht hat, dass dieses Schulprojekt existiert. Die Montessori-Schule Potsdam realisiert auf allen Ebenen, bei Kindern und Jugendlichen, im Kollegium, in der Elternschaft und im großen Kreis der Kooperationspartner Schritte des deutschen Zusammenwachsens von Ost und West, die zur Zeit hin zu einer internationalen Vernetzung mit Reformschulen weiterge-

führt werden. Diese Bildungseinrichtung lebt dabei von einer Fülle einzelner Erfolge, und wie jede Schule von ganz alltäglicher mühsamer und unspektakulärer Lern-, Lehr- und Verwaltungsarbeit sowie von einer ganzen Reihe ungelöster Widersprüche, Misserfolge und Konflikte.

Als **Erfolge** der Montessori-Gesamtschule Potsdam wurden in Teamgesprächen, Eltern- und Schülerbefragungen immer wieder bilanziert, dass Schulhof, Schulgebäude und Klassen anspruchsvoll ästhetisch, ökologisch und didaktisch ausgestaltet wurden, dass Kinder und Jugendliche diese Schule gern besuchen und – von Ausnahmen abgesehen – selbstbewusst, eigenverantwortlich und vergleichsweise friedlich und respektvoll hier lernen und leben, dass die Lehrpersonen trotz vieler Einschränkungen und starker Fluktuation die reformpädagogische Konzeption seit Jahren realisieren, dass Hospitanten von nah und fern fortlaufend den Unterricht anschauen, um sich fortzubilden und dass sich ein lebendiges Netzwerk von lokalen bis hin zu internationalen Kooperationspartnern entwickelt hat. Diese Erfolge beruhen auf einem Alltag, der neben dem Unterricht aus vielfältigen Konferenzen und Fortbildungen, Fördervereinssitzungen, Jahrbuch-Redaktionssitzungen Gästeinformationen und Mitgliederversammlungen in Montessori-Arbeitskreisen besteht. Die Reihe ließe sich fortsetzen. Die meisten dieser Initiativen werden nicht nur von Mitgliedern der Schulgemeinde getragen, sie wurden auch von ihnen mit gegründet.

Die Schule hat ihre reformpädagogische **didaktische Konzeption** im ersten Jahrzehnt ihres Bestehens kontinuierlich entwickelt und zahlreiche Probleme gelöst. Entwickelt wurde eine Unterrichtskonzeption, die Freiarbeit, Lektionsunterricht und Projekte, Exkursionen, Praktika und Rituale des Schullebens in altersgemischten Klassen kombiniert. Wege für den Übergang in die Klassen 9 und 10, die ohne Altersmischung und mit Notenzeugnissen arbeiten, wurden gebahnt. Für ihren Unterricht gestalteten die Lehrerteams, unterstützt von Schulträger und Eltern, in ihren Klassen hochdifferenzierte „vorbereitete Umgebungen", indem sie sie mit einer Fülle vielfältiger Lernmaterialien für die Hand der Schülerinnen und Schüler in allen Fächern und Lernbereichen ausstatteten. Während die Materialausstattung für die Primarstufenklassen 1–6 weitgehend als vollständig bezeichnet werden kann und nur noch in einem langsamen Rhythmus punktueller Erneuerungen bedarf, ist die Entwicklung der Lernmaterialien für die Sekundarstufe zwar sehr weit vorangekommen, aber noch nicht abgeschlossen. Denn während die Versorgung der Primarstufenklassen leichter möglich war, weil das klassische Montessori-Angebot nur um aktuelle Lernmaterialien ergänzt zu werden braucht, musste und muss für die Sekundarstufe viel mehr qualifiziertes Material erst konzipiert werden. Mit jedem Jahr aber wächst die Ausstattung für einen Freiarbeit in der Sekundarstufe ermöglichenden Innovationsprozess. Insgesamt lässt sich sagen, dass die Didaktik der Montessori-Schule Potsdam sich zugleich weiterhin dem Problem, Struktur und Offenheit für Lernprozesse zu gewährleisten und die jeweils gefundene Lösung Schülern und Eltern transparent zu machen, stellt.

Seinem Kernbereich, der **Leistungsdokumentation und Leistungsbewertung** ohne Noten, wurden in jedem Jahr des Schulversuchs große Anstrengungen gewidmet, die nach verschiedenen Zwischenschritten schließlich dazu führten, dass jede Schülerin und jeder Schüler mit einem Pensenbuch ausgestattet ist, in dem das erreichte Wissen und Können inhaltlich konkret und detailliert dokumentiert wird. Während dieses Schulportrait gedruckt wird, findet die Evaluation der Arbeit mit den Pensenbüchern statt. Die Ergebnisse werden mit Spannung erwartet. Sie dürften weit über den örtlichen Kontext hinaus von Bedeutung sein, denn anhand der Pensenbücher entsteht eine neue transparente Form der Vermittlung zwischen gesellschaftlichen Leistungsanforderungen und freiheitlich-selbständigem Lernen der Kinder und Jugendlichen.

Als weitere offene **Probleme**, die zur Bearbeitung anstehen, wurden in letzter Zeit aus der Sicht der Schulleitung und des Kollegiums folgende Schwerpunkte deutlich: Wie in allen Gesamtschulen stellen **Schülerinnen und Schüler** mit Verhaltens- und Konzentrationsproblemen eine große Herausforderung dar. Manche „Quereinsteiger" die erst in höheren Jahrgängen in diese Schule wechseln, aber auch einige Jugendliche aus dem eigenen Haus, haben es noch zu wenig gelernt im Unterricht vorwiegend eigenständig und verantwortungsvoll zu arbeiten. Besonders in der hochdifferenzierten Freiarbeit geraten diese SchülerInnen in einen Konflikt und bedürfen der konsequenten Anleitung und Begleitung. Es wäre ein grundlegendes Missverständnis, dass in der Freiarbeit oder grundsätzlich an Reformschulen „jeder machen kann, was er will". Im Gegenteil: gerade eine niveauvolle freie Arbeit setzt die Bereitschaft zur inneren Disziplin voraus. Müheloser profitieren – in Potsdam wie an anderen Orten – eher leistungsstarke und kreative Kinder und Jugendliche von den Freiheiten eines offenen Systems. Manche Eltern meinen, dass ihr Kind in dem freieren System besser zurecht käme, weil der Leistungsdruck eingeschränkt sei. Dies stimmt aus unserer Sicht nur bedingt und meist nur unter der Voraussetzung, dass eine konsequente Begleitung durch erfahrene LehrerInnen und kooperative Eltern möglich ist. Angesichts der weitverbreiteten Orientierungslosigkeit vieler Kinder und Jugendlicher muss Arbeitsfähigkeit erst langsam mit unterschiedlichsten Methoden nachentfaltet werden, damit effektives und freudvolles Lernen überhaupt entstehen kann. Wie unter Punkt 1.9 berichtet, hat die Schule ein Förderkonzept für Quereinsteiger erarbeitet, um ihnen den Einstieg in eine freiheitlichere Schulsituation zu ermöglichen. Es kommt aber auch vor, dass es den Lehrkräften nicht gelingt ein Kind zu erreichen und dass Schüler und Schule nicht zusammenfinden können. Ein Ursache sehen die Lehrerinnen u. a. darin, dass die langjährige Gewöhnung an die traditionellen Erziehungsmittel Lob und Tadel und die Unfähigkeit in der Schule selbständig zu lernen zu einem späten Zeitpunkt nur sehr schwer aufzuheben sind.

Erschwert werden diese Ansätze, weil in der lokalen **Öffentlichkeit** Reformschulen nach wie vor immer wieder als Spielschulen bezeichnet werden und es kostet viel Überzeugungsarbeit für einen schülerorientierten Bildungsansatz zu werben. Wenn SchülerInnen nicht in altershomogenen Klassen unterrichtet und mit Ziffernzensuren beurteilt werden, wird ihnen, wie sie häufig berichten, in Nachbarschaft und Verwandtschaft vielfach unterstellt, sie würden letztlich nicht genügend lernen. Nach den Pisa-Ergebnissen, die deutlich gemacht haben, dass z. B. Zensuren zum anspruchsvollen Lernen nicht notwendig sind, erscheint dieses Vorurteil einmal mehr unbegründet.

Für **LehrerInnen** bedeutet es ebenfalls eine große Umstellung, wenn die bekannten schulischen Disziplinierungen nicht mehr als Mittel der Wahl gelten. Hier ist ein alternatives pädagogisches Instrumentarium gefragt, das von den Pädagogen gewollt und oft auch erst gelernt werden muss. Beobachtungsfähigkeit, Einfühlsamkeit, Sprachliche Klarheit, Konsequenz und große Flexibilität sind neben gutem Fachwissen nur einige Basiskompetenzen, die hier in besonderem Maße von Lehrerpersönlichkeiten verlangt werden. Auch die enge Begrenzung auf ein Fach ist in einem Unterricht mit hohen Anteilen an fächerübergreifender Freiarbeit nicht mehr möglich. LehrerInnen begeben sich häufig auch in die Position des „teacher as learner“ und müssen ihre Rolle neu bestimmen. Die professionelle Weiterqualifikation der Lehrpersonen des Kollegiums bleibt – neben der Fortbildung von Lehrkräften anderer Schulen – eine zentrale Entwicklungsaufgabe der Schule.

Ein weiteres Problem ergibt sich aus den widersprüchlichen Ansprüchen mancher **Eltern** an die Sekundarstufe einer Reformschule. Nicht selten wird die Freiheit individueller Lernwege bei gleichzeitig stringenter Einhaltung des Lehrplans in vorgeschriebenen Zeitabschnitten gefordert. Insbesondere leidet die Schule jedoch darunter, dass viele Eltern es nicht wagen, das dreigliedrige, selektive Schulsystem in Frage zu stellen, wenn es um den weiteren Bildungsweg ihres Kindes nach der (in Brandenburg 6-jährigen) Grundschule geht. Trotz oder gerade wegen der besonderen Erfolge ihrer Kinder im reformpädagogischen Kontext werden immer wieder leistungsstarke SchülerInnen für die Sekundarstufe an Gymnasien angemeldet. Damit geht der Schule manch ein routinierter „Freiarbeiter“ verloren. Es bleibt weiterhin eine wichtige Aufgabe der Schule, reformpädagogische Grundgedanken bezogen auf das Alter der 12- bis 16-Jährigen überzeugend in die Praxis umzusetzen und auch solchen Eltern, für die das neu ist, zu vermitteln. Langjährige Beobachter und Begleiter der Schule sehen hierin für die Sekundarstufe der Montessori-Schule Potsdam die Wiederholung eines Entwicklungsprozesses, der sich in ähnlicher Form bereits in der Grundschule vollzogen hat. Auch hier hat es einige Jahre gedauert, bis sich die Leistungsfähigkeit und Akzeptanz eines schüleraktiven Unterrichtsmodells durchgesetzt hatte.

Abschließend lässt sich bilanzieren: Die die Klassen 1–6 umfassende **Primarstufe** der Montessori-Gesamtschule Potsdam arbeitet mit ihrem schüleraktiven, integrativen, binnendifferenzierenden Unterrichtsmodell mit Altersmischung und verbaler Beurteilung erfolgreich und anerkannt, ihre Akzeptanz hat sich im Laufe von mehr als zehn Jahren durchgesetzt. Konflikte und Probleme, die selbstverständlich auftreten, sind eher alltäglich als konzeptionell. Zusammenfassend können wir sagen, dass die Aufbauphase in den Klassen 1–6 der Primarstufe abgeschlossen ist, auch der Aufbau der **Sekundarstufe**, deren erster Schülerjahrgang mit dem Ende des Schuljahres 2002/2003 die Schule verlässt, ist, obwohl noch weitere Entwicklungsschritte im Gang sind, weit gediehen.

Damit hat sich der Kreis der bisher vier bundesweit existierenden staatlichen Gesamtschulen, die die Klassen 1–10 unter einem Dach vereinen, um eine Schule auf fünf erweitert: Zur Laborschule Bielefeld (Nordrhein-Westfalen), der Glockseeschule Hannover (Nordrhein-Westfalen), der Reformschule Kassel (Hessen) und der Jenaplan-Schule Jena (Thüringen) ist die Montessori-Gesamtschule Potsdam (Brandenburg) hinzugekommen. Mit seinem Schulversuch, der in einer Gesamtschule von Klasse 1 bis 10 auf Fragen der reformpädagogischen Leistungsdokumentation und Leistungsbewertung fokussiert, schließt das Land Brandenburg an Kriterien international erfolgreicher Schulmodelle an. Brandenburg bereichert so die bundesdeutsche Schullandschaft und leistet einen konkreten Beitrag zu den angesichts der internationalen Leistungsvergleiche dringend nötigen Innovationen im Bildungswesen.

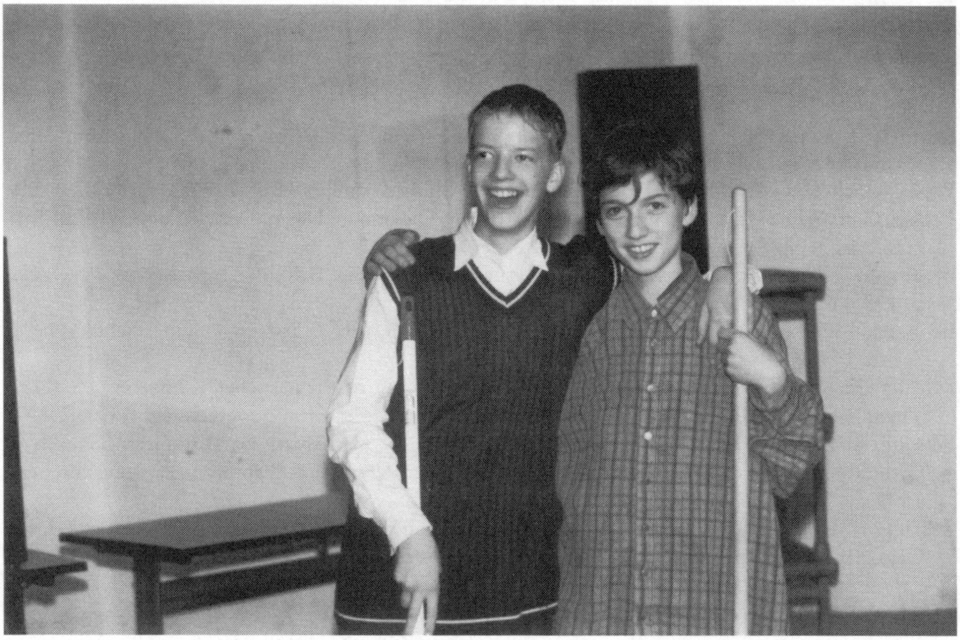

Literatur

Aktion Sonnenschein: Pensenbuch München, 1970/1990

Altrichter, H./Lobenwein, W./Welte, H.: PraktikerInnen als ForscherInnen. Forschung und Entwicklung durch Aktionsforschung. In: Friebertshäuser, B./Prengel, A.: Handbuch Qualitative Forschungsmethoden in der Erziehungswissenschaft. Weinheim/München, 1997, 640–660

Altrichter, H./Posch, P.: Lehrer erforschen ihren Unterricht. Eine Einführung in die Methoden der Aktionsforschung. Bad Heilbrunn, 1994

Arbeitskreis Grundschule (Hg.): Standpunkte zur Grundschulreform. Grundsatzprogramm des Grundschulverbandes, Frankfurt a. M., 1994

Arnold, K.-H./Jürgens, E.: Schülerbeurteilung ohne Zensuren. Neuwied, 2000

Bambach, H.: Ermutigungen. Nicht Zensuren. Lengwil, 1994

Bambach, H./Bartnitzky, H./Ilsemann, C. v./Gunter, O. (Hg.): Prüfen und Beurteilen zwischen Fördern und Zensieren. Friedrich Jahresheft XIV. Seelze, 1996

Bartnitzky, H./Christiani, R.: Zeugnisschreiben in der Grundschule. Heinsberg, 1987

Bartnitzky, H./Portmann, R. (Hg.): Leistung der Schule, Leistung der Kinder. Arbeitskreis Grundschule. Frankfurt a. M., 1992

Bastian, J.: Projektunterricht und Leistung. In: Bastian, J./Gudjons, H./Schnack, J./Speth, M. (Hg.): Theorie des Projektunterrichts. Hamburg, 1997, 231–244

Baumert, J. u. a. (Hg.): PISA 2000. Basiskompetenzen von Schülerinnen und Schülern im internationalen Vergleich. Opladen, 2001

Beck, G./Scholz, G.: Beobachten im Schulalltag. Ein Studien- und Praxisbuch. Frankfurt a. M., 1994

Becker, G. u.a.: Die Helene-Lange-Schule, Wiesbaden. Das andere Leben. Entwurf und Wirklichkeit. Hamburg, 1997

Begemann, E.: Von der Differentialdiagnostik zur Lernbegleitung. Behindertenpädagogik, 18. Jg. H. 4, 1995, 450–453

Behnken, I./Fölling-Albers, M./Tillmann, K.-J./Wischer, B. (Hg.): Leistung. Reihe: Schüler 1999. Seelze, 1999

Behring, K./Kretschmann, R./Dobrindt, Y.: Prozessdiagnose mathematischer Kompetenzen. Bd. I: Theoretische Begründungen und Vortest. Bremen: Universität. Erprobungsfassung, Bremen, 1999

Behring, K./Kretschmann, R./Dobrindt, Y.: Prozessdiagnose mathematischer Kompetenzen. Bd. II: Grundlegende Fertigkeiten des 1. Schuljahres. Bremen: Universität. Erprobungsfassung, Bremen, 1999

Behring, K./Kretschmann, R./Dobrindt, Y.: Prozessdiagnose mathematischer Kompetenzen. Bd. III: Grundlegende Fertigkeiten des 2. Schuljahres. Schwerpunkt Arithmetik. Bremen: Universität. Erprobungsfassung, Bremen, 1999

Bertelsmann-Stiftung (Hg.): Schule neu gestalten. Gütersloh, 1996

Bildungskommission Nordrhein-Westfalen: Zukunft der Bildung – Schule der Zukunft. Denkschrift der Bildungskommission beim Ministerpräsidenten des Landes Nordrhein-Westfalen. Neuwied, 1995

Boban, I./Hinz, A.: Kinder verstehen – Mit Kindern gemeinsam Schritte planen. MS. Hamburg, 1995

Brandenburgisches Schulgesetz (Brbg. SchulG): In Amtsblatt des Ministeriums für Bildung, Jugend und Sport. Potsdam, 24.5.1996

Brunner, I./Schmidinger, E.: Portfolio – ein erweitertes Konzept der Leistungsbeurteilung. Erziehung und Unterricht 147, H. 10, 1997, 102–108

Buhren, C. G./Rollf, H.-G. (Hg.): Fallstudien zur Schulentwicklung. Zum Verhältnis von innerer Schulentwicklung und externer Beratung. Weinheim/München, 1996

Carle, U. (1997): Kind-Umfeld-Diagnose zwischen schulischem Handwerkszeug und qualitativem Forschungsprozeß. In: Friebertshäuser, B./Prengel, A. (Hg.): Handbuch qualitativer Forschungsmethoden der Erziehungswissenschaft. Weinheim, 1997, 711–730

Carle, U.: Was bewegt die Schule? Internationale Bilanz – praktische Erfahrungen – neue systemische Möglichkeiten für Schulreform. Hohengehren, 2000

Czinczoll, B.: Leistungsfeststellung und -bewertung als differenzierte Sachverhaltsaufklärung. Pädagogische Welt, 49. Jg., H. 3, 1995, 125–141
Dewey, J./Kilpatrick, W. H.: Der Projektplan. Grundlegung und Praxis. Weimar, 1935
Döbert, H./Fuchs, H.-W./Weishaupt, H. (Hg.): Transformation in der ostdeutschen Bildungslandschaft. Eine Forschungsbilanz. Opladen, 2000
Döpp, W./Groeben, A. v. d./Thurn, S.: Lernberichte statt Zensuren. Erfahrungen von Schülern, Lehrern, Eltern. Bad Heilbrunn, 2002
Drews, U.: Unterricht in Deutschland. Schulreports zur Reformpädagogik. Hohengehren, 1994
Eberwein, H./Knauer, S.: Handbuch Lernprozesse verstehen. Weinheim/Basel, 1998
Eggert, D.: Von den Stärken ausgehen. Individuelle Entwicklungspläne (IEP) in der Lernförderdiagnostik. Dortmund, 1997
Eggert, D./Lütje-Klose, B.: „Theorie und Praxis der psychomotorischen Förderung." 2 Bände. 1.: Textband. 2.: Arbeitsbuch, Dortmund, 1994
Ellrott, D./Aps-Ellrott, B.: Förderdidaktik. Offenburg, 1995
Erber, H.: Arbeitsgruppenbericht: 14 Jahre „verbale Beurteilung" – Grundstufe I. Erziehung und Unterricht. Heft 4, 1992, 169–183
Faust-Siehl, R. u.a.: Die Zukunft beginnt in der Grundschule. Empfehlungen zur Neugestaltung der Primarstufe. Arbeitskreis Grundschule. Der Grundschulverband. Frankfurt a. M., 1996
Fischer, D.: Das Tagebuch als Lern- und Forschungsinstrument. In: Friebertshäuser, B./Prengel, A.: Handbuch Qualitative Forschungsmethoden in der Erziehungswissenschaft. Weinheim/München, 1997, 693–703
Flitner, A.: Konrad sprach die Frau Mama. Über Erziehung und Nichterziehung. (Kap. 5.3). München, 1985
Fragen und Versuche. Zeitung der Freinet – Kooperative. Heft 89. Thema: Leistung, September 1999
Friebertshäuser, B./Prengel, A.: Handbuch Qualitative Forschungsmethoden in der Erziehungswissenschaft. Weinheim/Basel, 1997
Gardner, H.: Intelligenzen. Die Vielfalt des menschlichen Geistes. Stuttgart 2002
GEW Heidelberg: Auf dem Weg zum Lernentwicklungsbericht – Bausteine zur verbalen Beurteilung. Heidelberg 1991
Graumann, O.: Gemeinsamer Unterricht in heterogenen Gruppen. Von lernbehindert bis hochbegabt. Bad Heilbrunn, 2002
Greve, H.: 4000 Jahre Zensuren! Ist ihre Zeit um? Das dänische Beispiel. In: Pädagogik und Schulalltag. 47, H. 5, 1992, 520–525
Groeben, A. v. d.: Nicht in Maßnahmen stecken bleiben. Ein Plädoyer für radikale Fragen nach PISA. In: Pädagogik 4/2002, 38–42
Hausser, K./Kreuzer, M.: Schülerbeurteilung und Entwicklung des Selbstkonzepts bei Grundschulkindern. Die Deutsche Schule. (86)4, 1994, 470–482
Heck, R.: Systematisches Beobachten von Kindern in der Gruppe. Erfahrungsbericht über ein Fortbildungskonzept für Erzieherinnen im Kindergarten. Unsere Jugend. 34. Jg., 1982, 116–122
Helmke, A.: Selbstvertrauen und schulische Leistungen. Göttingen, 1992
Hentig, H. v.: Die Schule neu denken. München/Wien, 1993
Heuer, G. U.: Beurteilen, Beraten, Fördern. Dortmund, 1997
Hildeschmidt, A.: Ökosystemische Diagnostik: Bewältigung des Alltags in Familie und Schule. In: Eberwein, H./Knauer, S. (Hg.): Handbuch Lernprozesse verstehen. Wege einer neuen (sonder-) pädagogischen Diagnostik. Weinheim/Basel, 1998, 182–193
Hohenzollern, J. G. Prinz v./Liedtke, M. (Hg.): Schülerbeurteilungen und Schulzeugnisse. Bad Heilbrunn, 1991
Ingenkamp, K.: Zur Problematik der Jahrgangsklasse. Weinheim, 1972
Ingenkamp, K. (Hg.): Die Fragwürdigkeit der Zensurengebung. Texte und Untersuchungsberichte. Weinheim/Basel, 1977

Ingenkamp, K./Schreiber, W. H. (Hg.): Was wissen unsere Schüler. Überregionale Lernerfolgsmessung aus internationaler Sicht. Weinheim, 1989

Janowski, A./Fittkau, B./Rauer, W.: Beurteilungshilfen für Lehrer. Braunschweig, 1981

Jürgens, E.: Leistung und Beurteilung in der Schule. Eine Einführung in Leistungs- und Bewertungsfragen aus pädagogischer Sicht. St. Augustin, 1995

Jürgens, E.: Zensurenfreie Zeugnisse: Die Entwicklung von Lernberichten und Wortgutachten in der Grundschule. In: Loseblattsammlung. Schulleitung Neue Länder. Erg.-Lfg. Nr. 10, Neuwied, 1995, 19–63

Kahl, R.: Auf den Anfang kommt es an. Ein erster Blick auf die PISA-Sieger Finnland, Schweden, Kanada. Video-Dokumentation Hamburg, 2002

Kahl, R.: Eine Schule zum Verlieben. Wegen der staatlichen Montessori-Gesamtschule ziehen Familien nach Potsdam. In: Die Zeit Nr. 20, 8. Mai 2003, 65

Kegler, U.: Freiarbeit an einer Montessorischule. In: Freiarbeit in der Grundschule. Offener Unterricht in Theorie, Forschung und Praxis. Frankfurt a. M., 2002, 231–243

Klafki, W.: Neue Studien zu Bildungstheorie und Didaktik. Weinheim/Basel, 1994

Knauf, A. (Hg.): Wege entstehen beim Gehen. Kleine Grundschulen entwickeln ein Konzept. Pädagogisches Institut Brandenburg. PLIB, Aufsatzsammlung. Ludwigsfelde, 1995

Köck, P.: Praxis der Beobachtung. Eine Handreichung für den Erziehungs- und Unterrichtsalltag. Donauwörth, 1997

Köhler, U./Krammling-Jöhrens, D.: Die Glocksee-Schule. Geschichte – Praxis – Erfahrungen. Bad Heilbrunn, 2000

Kohls, E.: Weg von der vergleichenden Leistungsmessung, hin zur individuellen Leistungsbeachtung. Die Grundschulzeitschrift. Heft 37, 1990, 43–47

Köller, O./Trautwein, U.: Evaluation mit TIMSS-Instrumenten. In: Die Deutsche Schule, Heft 2/2001, 167–185

Kolonko, B./Krämer, I. K.: Beobachtungshilfe. Zur Beobachtung von Kommunikation im Kindergarten und Schule. Kindes-Verlag o. O., 1993

Kornmann, R.: Auf Individualität achten. Beurteilen im gemeinsamen Unterricht. Friedrich-Jahresheft 14, 1996, 62–63

Kraul, M.: Wie die Zensuren in die Schule kamen. In: Pädagogik. Heft 3, 1995

Kretschmann, R./Dobrindt, Y./Behring, K.: Prozessdiagnostik der Schriftsprachkompetenz in den Schuljahren 1 und 2. Horneburg, 1998

Kückelhaus, H.: Fassen, Fühlen, Bilden. Köln, 1974

Laging, R./Skorka, A. (Hg.): Schulstraße zwo. Reformschule Kassel, Rahmenplan. Entwicklungen, Perspektiven. Gesamthochschulbibliothek, Kassel, 1991

Laging, R.: Altersgemischte Gruppen als Beitrag zur Schulreform. In: Die Deutsche Schule 3/1993, 364

Largo, R. H.: Kinderjahre. Die Individualität des Kindes als erzieherische Herausforderung. München, 2000

Leuzinger-Bohleber, M./Garlichs, A.: Theoriegeleitete Fallstudien im Dialog zwischen Psychoanalyse und Erziehungswissenschaft. In: Friebertshäuser, B./Prengel, A.: Handbuch Qualitative Forschungsmethoden in der Erziehungswissenschaft. Weinheim/München, 1997, 157–176

Liechti, R. u. a.: Mathematik im Gespräch. Auf der Suche nach einem echten Verständnis im Mathematikunterricht. Zürich, 1993

Lorenz, J. H./Radatz, H.: „Handbuch des Förderns im Mathematikunterricht." Hannover, 1993

Mayer, W. G.: Freie Arbeit in der Primarstufe und in der Sekundarstufe bis zum Abitur. Heinsberg, 1992

Meder, O.: Prüfung als Ritual. Oder: Zurichtung durch Zugerichtete. In: Pädagogik 1. Beiheft 1993, 47–51

Ministerium für Bildung, Jugend und Sport: Verordnung über die Bildungsgänge in der Sekundarstufe I. Potsdam 7.2.1997

Montessori, M.: Grundgedanken der Montessori-Pädagogik, Freiburg, 1967
Montessori, M.: Kinder sind anders. Stuttgart, 1978
Montessori, M.: Von der Kindheit zur Jugend. Freiburg, 1979
Moog, W.: Zur Analyse individueller Lernwege – Diagnostische Dialoge mit Kindern. Psychologie Erziehung Unterricht. 38. Jg., 1991, 123–132
Nuding, A.: Beurteilen durch Beobachten. Hohengehren, 1997
Oerter, R.: Jugendalter. In: Oerter, R./Montada, L. (Hg.): Entwicklungspsychologie, München/ Weinheim, 1987, 265–338
Oerter, R.: Montessori aus der Sicht der heutigen Entwicklungspsychologie, in: Harth-Peter, W. (Hg.): „Kinder sind anders". Maria Montessoris Bild vom Kinde auf dem Prüfstand. Würzburg, 1996, 183–201
Olechowski, R./Persy, E. (Hg.): Fördernde Leistungsbeurteilung. Wien, 1987
Prengel, A.: Pädagogik der Vielfalt. Verschiedenheit und Gleichberechtigung in Interkultureller, Feministischer und Integrativer Pädagogik. Opladen, 1995
Prengel, A./Geiling, U./Carle, U.: Schule für Kinder. Flexible Eingangsphase und feste Öffnungszeiten in der Grundschule. Bad Heilbrunn, 2001
Prengel, A.: Perspektivität anerkennen – zur Bedeutung von Praxisforschung in Erziehung und Erziehungswissenschaft. In Friebertshäuser, B./Prengel, A.: Handbuch Qualitative Forschungsmethoden in der Erziehungswissenschaft. Weinheim/München, 1997, 599–627
Prengel, A.: Gesamtkonzeption zur Wissenschaftlichen Begleitung des Schulversuchs der Schule 22 in Potsdam, Primarstufe und Sekundarstufe I. Halle, 1999 a
Prengel, A.: Vielfalt durch gute Ordnung im Anfangsunterricht. Opladen, 1999 b
Prengel, A.: „Ohne Angst verschieden sein?" – Mehrperspektivische Anerkennung von Schulleistungen in einer Pädagogik der Vielfalt. In: Hafeneger, B./Henkenborg, P./Scherr, A. (Hg.): Pädagogik der Anerkennung. Grundlagen, Konzepte, Praxisfelder. 2002, 203–221
Preuss, U./Ulonska, E.: Lernen und Leisten in der Grundschule. Bad Heilbrunn, 1999
Rheinberg, F.: Deutsche Forschung zur Leistungsmotivation in Lernsituationen. In: Ingenkamp, K.-H./Jäger R.-S./Petillon, H.: Empirische Pädagogik 1970–1990. Eine Bestandsaufnahme der Forschung in der Bundesrepublik Deutschland. Weinheim, 1992, 602–607
Röhner, Ch./Skischus, G./Thies, W. (Hg.): Was versuchen Versuchsschulen? Einblicke in die Reformschule Kassel. Baltmannsweiler, 1998
Rolff, H.-G.: Wandel durch Selbstorganisation. Theoretische Grundlagen und praktische Hinweise für eine bessere Schule. Institut für Schulentwicklungsforschung. Weinheim/München, 1993
Sacher, W.: Prüfen – Beurteilen – Benoten. Theoretische Grundlagen und praktische Hilfestellungen für den Primar- und Sekundarbereich. Bad Heilbrunn, 1994
Sacher, W.: Prüfen – Beurteilen – Benoten. Grundlagen, Hilfen und Denkanstöße für alle Schularten. Bad Heilbrunn, 1996
Saldern, M. v.: Schulleistung in Diskussion. Baltmannsweiler, 1999
Schärli, O.: Begegnungen mit Hugo Kückelhaus. Stuttgart/Berlin, 2001
Schipper, W.: Prozessorientierte Leistungsbewertung im Mathematikunterricht. In Grundschulunterricht 45. Jg. Heft 11, 1998, 21–24
Schmid, V.: Fallstudien in der psychoanalytischen Pädagogik. In: Friebertshäuser, B./Prengel, A.: Handbuch Qualitative Forschungsmethoden in der Erziehungswissenschaft. Weinheim/München, 1997, 177–191
Schöler, J.: Integrative Schule – Integrativer Unterricht – Ratgeber für Eltern, 1933
Steffens, U./Bargel, T. (Hg.): Schulentwicklung im Umbruch. Analysen und Perspektiven für die zukünftige inhaltliche Gestaltung von Schule. Beiträge aus dem Arbeitskreis „Qualität von Schule". Heft 6. Hessisches Institut für Bildungsplanung und Schulentwicklung. Wiesbaden/Konstanz, 1992
Stern, C. (Hg.): Ziele und Wege innovativer Schulen in Deutschland. Gütersloh, 2000
Struck, P.: Neue Lehrer braucht das Land. Darmstadt, 1994

Thurn, S./Tillmann, K.-J. (Hg.): Unsere Schule ist ein Haus des Lernens. Das Beispiel Laborschule Bielefeld. Reinbek, 1997

Tillmann, K.-J.: Laborschulforschung 1995–1997. Projekte im Forschungs- und Entwicklungsplan. Werkstattheft Nr.2 der Laborschule Bielefeld. Bielefeld, 1995

Toffler, A.: Überleben im 21. Jahrhundert. Stuttgart, 1994

Trudewind, C./Winkel, A.: Elterliche Einflußnahme auf kindliche Kompetenzentwicklung: Schulleistungseffekte und ihre motivationale Vermittlung. In: Pekrun, R./Fend, H. (Hg.): Schule und Persönlichkeitsentwicklung. Stuttgart, 1991, 131–148

Vester, F.: Leitmotiv vernetztes Denken, München, 1995

Vicari, R.: „Ich müßte mal wieder einen Test schreiben!“ Möglichkeiten einer prozeßbegleitenden Leistungsbeurteilung. In: Pädagogik 47/3, 1995, 17–21

Vieluf, E.: Heterogenität als Chance? Ein Vergleich der Leistungsentwicklung von Haupt- und Realschüler(inne)n in nicht integrierten und integrierten Systemen. In: Pädagogik 3/2003, 34–38

Vierlinger, R.: Das Konzept der direkten Leistungsvorlage. In: Winter, F./Groeben, A. v. d./Lenzen, K.-D. (Hg.): Leistung sehen, fördern, werten. Neue Wege für die Schule. Bad Heilbrunn, 2002, 28–38

Vukan, H./Rutte, V.: Gemeinsam Lernen. Bd. 1.. Integration auf der 1. Leistungsbeurteilung und des Lernens. Frankfurt a. M., 1991

Winter, F./Groeben, A. v. d./Lenzen, K. D. (Hg.): Leistung sehen, fördern, werten. Neue Wege für die Schule. Bad Heilbrunn, 2002

Wallrabenstein, W.: Offene Schule – Offener Unterricht – Ratgeber für Eltern und Lehrer. Reinbek, 1991

Weiland, D.: Lernentwicklungsberichte. Vom Versuch eines Versuchs. Die Deutsche Schule (86)3, 1994, 272–280

Wiedemann, M.: Handbuch Sprachförderung mit allen Sinnen. Weinheim, 1997

Winter, F.: Schüler lernen Selbstbewertung. Ein Weg zur Veränderung der Leistungsbeurteilung und des Lernens. Frankfurt a. M., 1981
Winter, F./Groeben, A. v. d./Lenzen, K. D. (Hg.): Leistung sehen, fördern, werten. Neue Wege für die Schule. Bad Heilbrunn, 2002
Wocken, H.: Schulleistungen in heterogenen Lerngruppen, in: Eberwein, H. (Hg.): Behinderte und Nichtbehinderte lernen gemeinsam. Handbuch der Integrationspädagogok. Weinheim/Basel, 1990, 225–260

Montessori-Gesamtschule Potsdam, Schlüterstrasse 2, 14471 Potsdam
Homepage: www.montessori-gesamtschule-potsdam.de
E-mail: mail@montessori-gesamtschule-potsdam.de

Jörg-W. Link und Hartmut Alphei[1]

Heterogenität als Chance und pädagogisches Prinzip: Ein Haus des Lernens im Entstehen

Kommentar zum Portrait der Montessori-Gesamtschule Potsdam

1. Einleitung

Mit dem vorgelegten Bericht über die pädagogische Arbeit der Montessori-Gesamtschule Potsdam greifen Ulrike Kegler und Annedore Prengel eine Tradition auf, die gute Reform- und Versuchsschulen schon immer auszeichnete. So war es etwa auch in der Hochphase reformpädagogischer Schulreform im Deutschland der Weimarer Republik eine Selbstverständlichkeit, dass Schulen, die neue Wege in Erziehung und Unterricht beschritten, gegenüber der pädagogisch interessierten Öffentlichkeit – und natürlich auch gegenüber der Schulverwaltung – Rechenschaft ablegten über Erfolge und Probleme ihres reformorientierten Schulalltags. Nicht zuletzt deshalb wissen wir heute vieles über Möglichkeiten, Leistungen und Grenzen reformpädagogisch arbeitender privater und öffentlicher Schulen.[2] Gleichzeitig waren und sind solche Praxisberichte immer auch Mittel zur Selbstvergewisserung und Selbstevaluation von Schulen. Sie machen deutlich, dass sich diese Institutionen selbst als lernendes System verstanden und verstehen und dass sie mit ihrem Schritt in die Öffentlichkeit Korrektur und Kritik von außen suchten und suchen. Das ist unverzichtbar, wenn Schulen Anreger- und Modellfunktionen übernehmen wollen. Die öffentliche Erörterung über ihr Tun ist zudem notwendig, wenn die staatliche Schulverwaltung mit der Genehmigung und Unterstützung derartiger Schulversuche den öffentlichen Diskurs über die Optimierung des Schulsystems befördern will. Dass auch die Montessori-Gesamtschule Potsdam eine solche Funktion übernehmen soll und kann, wird aus dem vorgelegten Portrait deutlich.

Wenn man sich die großen Entwicklungsschübe der Pädagogik vergegenwärtigt, so waren es vor allem die Zeiten gesellschaftlicher Umbrüche, in denen auf dem Gebiet des Schulwesens Neues entstand oder bereits angedachte Strukturveränderungen umgesetzt werden konnten. Das Zeitalter der Aufklärung, die preußischen Reformen nach den Napoleonischen Kriegen, die Zeit nach dem Ersten Weltkrieg mit Revolution und Gründung der Weimarer Republik sind anerkannte Beispiele solcher Umbruchsphasen. Aber auch die späten 1940er und frühen 1950er Jahre sowie die späten 1960er bzw. frühen 1970er Jahre beschreiben politische und

---

[1] Jörg-W. Link ist Wissenschaftlicher Mitarbeiter im Institut für Pädagogik an der Universität Potsdam und hat als Lehrer an der Odenwaldschule gearbeitet; Hartmut Alphei war über 30 Jahre lang Lehrer und Erzieher an der Odenwaldschule und hat gleichzeitig als Fachleiter am Studienseminar Bensheim in der zweiten Phase der Lehrerausbildung gearbeitet.

[2] Vgl. z.B.: Amlung, Ullrich / Haubfleisch, Dietmar / Link, Jörg-W. / Schmitt, Hanno (Hrsg.): „Die alte Schule überwinden". Reformpädagogische Versuchsschulen zwischen Kaiserreich und Nationalsozialismus. (Sozialhistorische Untersuchungen zur Reformpädagogik und Erwachsenenbildung, 15). Frankfurt / M. 1993.

gesellschaftliche Auf- und Umbruchsphasen. Diese bilden oft ein beschleunigendes Element, vielleicht sogar die Voraussetzung schulpädagogischer Erneuerungen, denn kennzeichnendes Element der öffentlichen Debatten in diesen Zeitumbrüchen war immer auch ein Diskurs über Bedeutung und Aufgabe von Schule für die Zukunft der jeweiligen Gesellschaft. So war es nach 1918, so war es nach 1945 in West wie Ost und so war es auch in der Zeit der „Wende" 1989/90.

Ein weiterer Veränderungshelfer ist sicher auch der Mangel. Das scheint uns die gegenwärtige Situation der Schulen im östlichen Teil Deutschlands wiederholt zu lehren. Der rasante Rückgang der Geburtenziffer und damit das Ausdünnen der Schülerpopulation in den „neuen Ländern" hat zu schulorganisatorischen Lösungen geführt, die manche Landesregierung aus ideologischen Gründen freiwillig niemals zugelassen hätte. Die „Regelschule" in Thüringen ist ein solches Beispiel. Und nun beginnt man dort, dieser Schulform sogar positive Seiten abzugewinnen. Wer weiß, ob die Schule Nr. 22 in Potsdam sich jemals zur Montessori-Gesamtschule entwickelt hätte, wenn der Druck durch politische Neuorientierung und sinkende Schülerzahlen nicht dazu gezwungen hätten. Allerdings ist es schon ein kleines Wunder, dass diese eher am Stadtrand gelegene Schule die dramatischen Veränderungen in den Schülerzahlen während der 1990er Jahre überlebt hat, ja, dass diese Schule sogar trotz des allgemeinen Schülerrückgangs wächst. Ohne Zweifel ist das ihrem Reformansatz zu verdanken und es war eine kluge Entscheidung der brandenburgischen Kultusverwaltung, der Karl-Liebknecht-Schule den Weg zur Montessori- und Reformschule zu ermöglichen.

Nun ist die Zeit nach 1989 mit der Zeit nach 1918 oder nach 1945 höchstens in ihrer strukturellen Umbruchssituation vergleichbar, politisch wie pädagogisch nur bedingt. Insofern ist es nicht überraschend, dass heute – im Gegensatz etwa zur Weimarer Republik – ein Schulversuch wie ihn die Potsdamer Montessori-Schule durchführt, nach der Expansion der Erziehungswissenschaft als universitärer Disziplin in den 1960er Jahren wissenschaftlich-kritisch begleitet wird und nicht mehr lediglich auf die traditionelle kritische Selbstevaluation angewiesen ist. Lassen sich die vorgelegten Praxisberichte historischer Reformschulen bisweilen von besonders kritischen Lesern noch als Prospekt- und Werbelyrik lesen, so wird die Praxis neuerer Versuchs- und Reformschulen wie etwa der Bielefelder Schulprojekte, der Glocksee-Schule in Hannover oder der Helene-Lange-Schule in Wiesbaden von Beginn an auch von außen kritisch begutachtet und wissenschaftlich evaluiert. Das ist nicht nur sinnvoll, das ist auch notwendig. Denn die wissenschaftlich begleitete Reflexion der Praxis wird durch ihr Fehlen in den historischen Berichten zumindest indirekt als Mangel deutlich.

Auch wir schreiben unseren Kommentar zum vorgelegten Bericht über die Potsdamer Montessori-Gesamtschule von außen. Wir sind weder Schülereltern, noch Mitglieder des Lehrerkollegiums, wir haben weder eine beratende noch eine kontrollierende Funktion in dieser Schule. Unsere Fremdwahrnehmung des vorgelegten Selbstbildes hat indes spezifische Hintergründe, die es offenzulegen gilt. Den Hintergrund unseres Kommentars bildet nämlich u.a. eine Schule, die sich ebenfalls der Reformpädagogik verpflichtet fühlt und viele Jahre lang aufgrund ihres pädagogischen Alltags und aufgrund der kritischen Rechenschaftsberichte ihrer Mitarbeiter eine zentrale pädagogische Modell- und Anregerfunktion innehatte. Es handelt sich dabei um die im Jahr 1910 von Paul Geheeb als Landerziehungsheim gegründete Odenwaldschule, genau betrachtet, von der Schulform her eigentlich seit ihren Anfängen ebenfalls eine integrierte Gesamtschule mit einem Konzept ganzheitlicher Erziehung.[3] Wir haben beide als Lehrer an der Odenwaldschule gearbeitet und von daher liegt es auf der Hand, dass wir eher mit einer gewissen kritischen Sympathie als mit grundlegenden Einwänden oder Anfragen kommentieren. Einen weiteren Hintergrund unseres Kommentars bildet unsere Tätigkeit in der Lehrerausbildung in Schule und Hochschule. Dass dabei auch engere Beziehungen zu anderen Reformschulen sowie die kritische Wahrnehmung des bildungspolitischen Diskurses ebenfalls eine Rolle spielen, ist selbstverständlich. Genauso selbstverständlich haben wir den Alltag der Montessori-Gesamtschule natürlich auch vor Ort in Augenschein genommen und uns ein eigenes Bild von der Arbeit im entstehenden Haus des Lernens gemacht.

Der von der Schulleiterin Ulrike Kegler und der an der wissenschaftlichen Begleitung beteiligten Erziehungswissenschaftlerin Annedore Prengel vorgelegte Bericht ist ein sehr heterogener Text. Auch damit steht er in der Tradition der historischen Praxisberichte. Neben die Darstellungen und Einschätzungen aus der Feder der beiden Autorinnen treten Erfahrungsberichte von Lehrerinnen und Eltern, Alltagsberichte und Reflexionen der Schüler, Beispiele für Verbalbeurteilungen und auch Beobachtungsprotokolle von Studenten über den Alltag der Schüler, Tages- und Wochenpläne sowie strukturelle Informationen über die Schülerzahlen, das Einzugsgebiet der Schule, die Zusammensetzung und Veränderung des Kollegiums, die Montessori-Gesamtschule im Spektrum deutscher Reformschulen und die wissenschaftliche Begleitung des Schulversuchs. Zweifellos gelingt es auf diese Weise, die Schule als das darzustellen, was sie ist: ein mehrperspektivisches und vielfältiges Netzwerk, in dem unterschiedlichste Komponenten abgestimmt miteinander zusammenarbeiten (müssen). Fällt eine Komponente aus, so bricht das gesamte Netz mehr oder minder schnell zusammen. Selbstverständlich wollen und können wir uns nicht auf all diese Einzelheiten kommentierend beziehen – obwohl es jede einzelne verdient hätte. Nein, wir werden uns beschränken und auf die folgenden Aspekte konzentrieren: die pädagogischen Grundlagen (2.), die Bedeutung des pädagogischen Raumes (3.), den Prozess der Veränderung der Schule (4.), die reformorientierte Didaktik (5.) und die veränderte Lehrerrolle (6.). Abschließend werden wir dann (7.) einige Fragen stellen und Anregungen geben, die die Potsdamer Montessori-Gesamtschule vielleicht auf ihrem weiteren Weg begleiten können. Nur am Rande werden wir auf die Themenfelder der wissenschaftlichen Begleitung des Schulversuchs eingehen (Leistungsbewertungen mit Berichtszeugnissen, Altersmischung). Denn dazu werden die Abschlussberichte fundierter und damit aussagekräftiger berichten.

[3] Vgl. zur Odenwaldschule: Geheeb, Edith und Paul: Odenwaldschule. Darmstadt o.J. In: Hansen- Schaberg, Inge / Schonig, Bruno (Hrsg.): Landerziehungsheim-Pädagogik. (Basiswissen Pädagogik: reformpädagogische Schulkonzepte, 2). Baltmannsweiler 2002, S. 142-150. – Alphei, Hartmut: Vertrauen in die Selbstentwicklungskräfte Heranwachsender. In: Pehnke, Andreas / Förster, Gabriele / Schneider, Wolfgang (Hrsg.): Anregungen international verwirklichter Reformpädagogik. Traditionen, Bilanzen, Visionen. Frankfurt/M. u.a. 1999, S. 213-225.

2. Zu den pädagogischen Grundlagen

Wenn die Autorinnen die Montessori-Gesamtschule als „Haus des Lernens“ (S. 10 und 13) verstehen und damit eine Anregung der Nordrhein-Westfälischen Bildungskommission aufgreifen, so ist ihnen klar, dass dieses Haus sich noch im zweiten Bauabschnitt befindet und dass sicher auch noch weitere Bauabschnitte folgen werden – schließlich blicken sie selbst abschließend auf „eine ‚Baustelle' mit Stärken und Schwächen“ (S. 69ff). Dennoch scheint uns das Fundament dieses Hauses ein sehr tragfähiges zu sein. Zentrales Element dieses Fundaments ist die Individualität der Schüler, ihre Wertschätzung, Entwicklung und Förderung – wohl auch nach Geheebs Motto „Werde, der du bist“. Die Individualität ist das eine, die Sozialität das andere. Zwischen diesen beiden gleichberechtigten Polen pendelt der pädagogische Alltag. Die bewusst wahr- und aufgenommene Heterogenität sämtlicher Bewohner bildet das pädagogische Zentrum des Potsdamer Hauses des Lernens. Das Vertrauen in die Selbstentwicklungskräfte der Schüler ist dabei die conditio sine qua non. Dass damit die Vermittlung und Förderung von „Schlüsselqualifikationen wie Kreativität, Flexibilität, vernetztes Denken, Kooperations- und Politikfähigkeit“ (S. 8) einhergehen, ist für eine solche Pädagogik vom Kinde aus unverzichtbar. Weniger normative Werte, gesetzliche oder politische Vorgaben oder lediglich die fachlichen Vorgaben von Rahmenplänen (obwohl sie auch wichtig sind) bestimmen Weg und Ziel, sondern vor allem die dialogische Auseinandersetzung mit denjenigen, um deretwillen Schule veranstaltet wird, mit den Kindern nämlich. Dass diese Auseinandersetzung in einem gesellschaftlichen Raum stattfindet und stattfinden muss, ist für eine Schule, die sich nach der politischen Wende in der DDR auf den Weg gemacht hat, nicht nur selbstverständlich, sondern auch unverzichtbar.
Die Montessori-Gesamtschule hat die Kinder so, wie das Leben sie hineinbringt: stille und laute, starke und schwache, auffällige und zurückgezogene, behinderte und nichtbehinderte, ganz junge und ältere Kinder, Leistungswillige und Leistungsverweigerer. Lehrer und Schüler leben und arbeiten hier also in heterogenen Gruppen „ohne vorzeitige Selektion“ (S. 9). Dies erinnert nicht nur an die Verhältnisse und Erfahrungen früher Einheits- und Gesamtschulen der Weimarer Republik, dies erinnert nicht nur an den pädagogischen Alltag vieler einklassiger ländlicher Reformschulen[4], dies erinnert nicht nur an die Polytechnische Oberschule der DDR, dies erinnert ebenso nicht nur an die Gesamtschuldiskussionen in der alten Bundesrepublik, nein, dies erinnert in der Nach-Pisa-Ära auch an die Länder, die seit langem schon mit Erfolg ein integratives Schulsystem realisieren. Insofern lesen sich die pädagogischen Grundlagen der Montessori-Gesamtschule heute womöglich ganz anders. Und man sollte sie aufmerksam lesen. Hier ist die Rede von einer „integrative[n] Pädagogik“ (S. 12), von einer „Pädagogik der Vielfalt“ (S. 12), vom „Lernen ohne Ausgrenzung“ (S. 12), vom „sozialen Frieden“ (S. 12), vom „Schulanfang ohne Auslese“ (S. 10), insgesamt von einer „Schule ohne Aussonderung“ (S. 12), mit der sich die Schüler identifizieren und die von einem „intensiven

[4] Vgl. Link, Jörg-W.: Reformpädagogik zwischen Weimar, Weltkrieg und Wirtschaftswunder. Pädagogische Ambivalenzen des Landschulreformers Wilhelm Kircher (1898-1968). (=Untersuchungen zu Kultur und Bildung, 2.) Hildesheim 1999.

Lernklima" (S. 10) geprägt sei. Die Heterogenität der Schüler trage ebenso wie die Altersmischung dazu bei, dass die Kinder sich näher kämen (S. 10), wodurch „sowohl kognitive als auch soziale Lernprozesse gefördert" (S. 12) würden.
Betrachtet man diese pädagogischen Grundlagen und ihre sozialen Bildungsziele im Kontext der gegenwärtigen öffentlichen schulpolitischen Debatte, so scheinen sie eigentümlich aus dem Rahmen der Schulleistungsdiskussion zu fallen. Erstaunt mag manch neuberufener Bildungspolitiker fragen: „Und wo bleiben da die Leistungsstandards?" Aber auf diese Frage ist die Potsdamer Schule vorbereitet. Gegenstand des Schulversuchs ist die Entwicklungsarbeit an einem im reformpädagogischen Kontext sinnvollen Leistungsbegriff. Wir fragen an dieser Stelle auch: Was ist die eigentliche Aufgabe von Schule? Scheinbare Leistungsstandards für Vergleichstests durch permanente Prüfungen zu produzieren? Ist die Schule also doch in erster Linie Paukanstalt? Jeder weiß, welche Halbwertzeit solches Prüfungswissen hat. – Oder ist es nicht vielmehr Aufgabe von Schule, allen Schülerinnen und Schülern zu ermöglichen, „auf ihrem persönlichen Niveau effektiv lernen [zu] können" (S. 9)? Das mag manch einer abtun als alte pädagogische Träumerei – die Montessorischule Potsdam widmet sich dieser Aufgabe. Ganz in diesem Sinne können wir in der Nach-PISA-Zeit erstaunlicherweise lesen, dass sogar jemand wie der McKinsey-Chef Jürgen Kluge meint, dass es „besser [wäre], die Förderung künftig auf das Potenzial des einzelnen Kindes abzustellen – und nicht auf die vermeintlich homogene Klasse".[5] Solche pädagogischen Argumente aus dem Munde eines der renommiertesten Unternehmensberater finden gegenwärtig offensichtlich größeres Gehör als dieselben Argumente, wenn sie von Lehrern oder Erziehungswissenschaftlern vorgetragen werden. Sicher, dahinter stehen auch knallharte volkswirtschaftliche Argumente. Aber dass gerade das Bildungssystem in seiner Bedeutung für die Volkswirtschaft gesehen wird, bietet doch eine enorme Entwicklungschance in eine schulpädagogische Richtung, die die Potsdamer Montessori-Gesamtschule schon eingeschlagen hat.
Kluge spricht aber nicht nur von der Förderung der einzelnen Kinder oder von der Notwendigkeit, die „Vielfalt [zu] akzeptieren" und davon, dass man „etwas ganz Besonderes für die Schwachen tun" müsse, nein, er spricht auch von „eisenharte[n] Standards". Damit meint er indes keinen Einheitsbrei nivellierter Anforderungen, sondern ein profiliertes fachliches Niveau jeder einzelnen Schule. Vor unserem eigenen Erfahrungshintergrund können wir uns diesen wie auch den hier formulierten pädagogischen Grundlagen der Montessori-Gesamtschule eher anschließen als manch übereifrigem Politiker. Das bedeutet auch, dass wir die fachliche Kompetenz, die eine Schule selbstverständlich zu vermitteln hat, nicht gering schätzen.[6] Die Frage ist lediglich, auf welcher Basis auch die fachlichen Maßstäbe gesetzt werden: Ist es das individuelle Kind, das es je spezifisch zu fordern und zu fördern gilt oder sind es scheinbar objektive und vergleichbare Standards, die es dann abzuprüfen gilt um zu selektieren? So wird es zwar öffentlich nicht formuliert – stattdessen ist von zusätzlich notwendiger

[5] Vgl. das Interview mit Jürgen Kluge unter dem Titel „Standards müssen eisenhart sein" in: Die Tageszeitung vom 5. März 2003, S. 14.

[6] Das macht übrigens auch die Potsdamer Montessori-Gesamtschule nicht: „Bildung und Erziehung [!] sollen so gestaltet werden, dass in allen Bereichen schulischen Wissens fachliche Kompetenz und interdisziplinäre Schlüsselqualifikationen erworben werden können." (S. 8)

Förderung die Rede –, aber so ist es gemeint, solange die Dreigliedrigkeit unseres Schulsystems nicht in Frage gestellt wird.
Nimmt man indes die Kinder mit ihren unterschiedlichen Fähigkeiten, ihren Begabungen und Behinderungen, ihren Stärken und Schwächen ernst – u.E. die wichtigste Grundlage einer guten Schule und ausdrücklich auch von einer Lehrerin der Montessori-Schule so formuliert (vgl. S. 65) –, so ergeben sich daraus Konsequenzen, die zu einer anderen, einer erneuerten Schule führen. Hier ist sowohl nach der Bedeutung des pädagogischen Raumes als auch nach der Lehrerrolle innerhalb eines solchen Hauses des Lernens und den je spezifischen didaktischen Ansätzen zu fragen. Eine solche Schule wird zu einem Ort pädagogischer Kommunikation, allerdings ohne den erhobenen pädagogischen Zeigefinger. Für die Potsdamer bildeten dabei u.a. zwei Erkenntnisse Maria Montessoris Leitmotive der pädagogischen Umgestaltung: die Bedeutung der Kinderbeobachtung einerseits und die Bedeutung der vorbereiteten Lernumgebung andererseits.

3. Zur Bedeutung des pädagogischen Raumes

Braucht eine „vorbereitete Lernumgebung“ nicht eigentlich besondere Räume? Für jede Reformschule stellt sich die Frage: Braucht der ganzheitliche Anspruch der *neuen Pädagogik* nicht auch ein *neues Gehäuse*? Für die Waldorfschulen ist diese Frage eindeutig entschieden. Denn selbst wenn eine neu gegründete Waldorfschule in irgendwelchen vorhandenen Räumen anfängt, so ist doch klar, dass baldmöglichst ein Gebäude her muss, das den besonderen Anforderungen der Waldorf-Pädagogik gerecht wird. Bei den Bielefelder Schulprojekten war natürlich auch unumstritten, dass man Laborschule und Oberstufen-Kolleg wegen der Anbindung an die Universität auf dem zukünftigen Universitätsgelände und neu bauen würde. Im Rahmen der Aufbaukommissionen, die in ihrer zweijährigen Vorbereitungsphase diese Schulen äußerlich und innerlich planten, kam der Planungsgruppe, die gemeinsam mit dem Architektenteam über die angemessene Umsetzung der von Hartmut von Hentig geplanten Schulstruktur nachdachte, eine besondere und für die Zukunft der Schulen bedeutsame Aufgabe zu.
Anders bei der Montessori-Gesamtschule Potsdam. Sie war ja nicht eine Neugründung, sondern entwickelte sich weiter aus einer vorhandenen öffentlichen Schule. Sie war auch nicht eine „Schule in freier Trägerschaft“, wo dem Schulträger klar war, dass er über kurz oder lang für ein entsprechendes Gebäude würde sorgen müssen. Sie musste mit dem zurechtkommen, was da war – darin ist sie vielleicht vergleichbar mit der Helene-Lange-Schule in Wiesbaden, die sich als öffentliche Schule aus einem Mädchengymnasium zu einer Gesamtschule entwikkelt hat. Aber hier gelang es denn doch immerhin, die Stadt Wiesbaden als Schulträger davon zu überzeugen, dass die Wände eines jeden fünften Schulraumes weggerissen wurden, um für die aus jeweils vier Klassen bestehenden Jahrgangsgruppen einen Gemeinschaftsraum zu schaffen für Jahrgangstreffen, Elternversammlungen, Ausstellungen, Unterricht in Großgruppen oder Theaterproben und -aufführungen. Die Potsdamer Montessori-Gesamtschule hat indes eine andere Struktur gewählt: Es gibt bis zur 8. Klasse jahrgangübergreifende Gruppen und man hat bewusst im Schulgebäude die verschiedenen Jahrgänge gemischt. Sie hatte auch nicht den Rückenwind eines auf allen staatlichen Ebenen gewollten und geförderten

bildungspolitischen Projektes, sondern musste in mühsamer Kleinarbeit und Schritt für Schritt Verständnis für ihre Besonderheiten erwirken und selber dafür sorgen, dass ihre Pädagogik ein angemessenes Gehäuse mit einer entsprechenden Ausstattung bekommt. Nun kann sich die an Maria Montessori orientierte Pädagogik durchaus erst einmal mit vorhandenen Räumen arrangieren, herkömmliche Klassenräume lassen sich für Freiarbeit und jahrgangsübergreifende Gruppen nutzen. Wenn aber das Schulleben auch noch andere Elemente umfasst und das Haus des Lernens nicht nur der Instruktion dient, sondern die Welt in ihrer ganzen Vielfalt und Fülle widerspiegeln will, muss das Gebäude unterschiedlichste Arbeitsformen ermöglichen. Und deshalb ist auch der äußerliche Umbau des Hauses noch keineswegs abgeschlossen, obgleich schon vieles anders geworden ist

Obwohl man der Schule von außen nicht ansieht, dass sie eine besondere Schule ist – denn das Gebäude ist noch eindeutig als eine Schule der DDR zu erkennen –, so nimmt man als Besucher doch gleich beim Betreten des Gebäudes die besondere Atmosphäre wahr. Wir hatten kaum den Eingangsflur erreicht, der nicht grau oder weiß wie in vielen anderen Schulen gestrichen ist, sondern farbenfroh und lebendig, als uns ein jüngerer Schüler ansprach und uns seine Hilfe anbot. Wir erzählten den Grund unseres Besuches und er führte uns ins Sekretariat. Später hat er uns dann auch noch durch das Gebäude und über den Schulhof geführt. Wir konnten deutlich seinen Stolz auf diese Schule wahrnehmen, als er uns u.a. den Kletterstein vor dem Eingangsportal, den Brunnen mitten auf dem Schulhof, die Karl-Liebknecht-Skulptur (denn auch dieser Tradition ihrer eigenen Geschichte nimmt sich die Montessori-Gesamtschule an), das kleine Birkenwäldchen am hinteren Ende des Schulhofes und den Schulgarten zeigte. An dieser bewussten pädagogischen Gestaltung des Schulraumes haben viele Eltern, Lehrer, Schüler und Künstler mitgearbeitet. Viele Spenden wurden investiert und der Schulhof hat sogar schon Preise gewonnen. Man bemerkte aber auch, mit welcher Souveränität unser Begleiter mit uns, den erwachsenen Fremden umging und wie er den Geist der Offenheit widerspiegelte, der uns noch an anderen Stellen in diesem Haus begegnete. Nicht ohne Stolz berichtete die Schulleiterin, dass Gewalt gegen Personen und Sachen in dieser Schule selten sind.

Das Prinzip der Altersmischung gilt nicht nur für die altersheterogenen Lerngruppen, sondern auch im Zusammenleben in der Schule sind Kleinere und Größere gemischt, auf den Fluren liegen die Räume der jüngeren und älteren Unterrichtsgruppen bewusst direkt nebeneinander. Denn dass in solch einer Schule nicht nur gelernt, sondern auch gelebt wird, machen die Feste und Feiern deutlich, die im Laufe des Schuljahres stattfinden. In diesem Sinne könnte sich die Montessori-Gesamtschule vielleicht noch etwas stärker von den Gedanken der community education inspirieren lassen, die die Schule bewusst zu einem wichtigen Faktor in ihrer Wohnumgebung machen will.

4. Mut zur Veränderung

Umbruchzeiten erleichtern das Entstehen von Neuem. Zwar gibt es gerade unter den Lehrern immer wieder solche, die, bevor sie im Schulalltag resignieren, davon träumen, eine eigene Schule aufzumachen oder wenigstens in einem Kollegium mit Gleichgesinnten zusammenarbeiten und dabei eigene pädagogische Grundsätze entwickeln bzw. umsetzen zu können, aber in normalen Zeiten hat man kaum die Möglichkeit dazu. Nun war natürlich die Zeit der „Wende“ begünstigend für das Entwickeln neuer Ideen und ihre Umsetzung in die Praxis. An den runden Tischen, aber auch in kleinen Zirkeln oder in verschiedensten Gruppierungen wurden Vorstellungen von einer anderen, einer besseren Zukunft entwickelt, für die sich nun Realisierungschancen darzubieten schienen. Aktive, aber bisher in festen unverrückbaren Strukturen eingebundene Menschen entdeckten die Möglichkeit, Träume nicht nur zu träumen, sondern sie auch Wirklichkeit werden zu lassen. Sie suchten nach Möglichkeiten, Anregungen, Impulsen, Vorbildern. Im Westen hatte man Erfahrungen mit Schulreform. So ergaben sich schnell Kontakte, es entstanden Gesprächskreise, man tauschte sich aus, es entstand gewissermaßen ein Ost-West-Dialog, aus dem auch verschiedene Joint-ventures hervorgingen. Manche Schulverwaltungen haben die Chance zu Neuem genutzt und haben die aus solchen Initiativen entstandenen Modelle unterstützt. Gerade diejenigen West-(Berliner) Lehrer, die nach der Wende bereit waren, sich in den Osten abordnen zu lassen, oder zumindest viele von ihnen, kamen nicht mit der Mentalität der Besser-Wessis, um den ostdeutschen Kollegen zu sagen „wo's langgeht“, sondern sie wollten einen produktiven Austausch über pädagogische Fragen in Gang bringen bzw. mit tragen. Man hatte im Westen Erfahrungen mit der Offenheit von Systemen und ihrer Veränderbarkeit. Man hatte verschiedene Phasen von Schulreform miterlebt. Die Westlehrer bedeuteten innerhalb der Lehrerkollegien im Osten häufig ein Ärgernis, aber sie waren auch eine Ermunterung für alle diejenigen, die Mut zur Veränderung hatten, und sie waren für das Schulsystem insgesamt ein wichtiges Veränderungspotential.

Aus unserer Sicht ist der Weg von der Schule Nr. 22 bzw. der Karl-Liebknecht-Schule zur Montessori-Gesamtschule Potsdam ein solches Beispiel. Die Einsicht bei einigen Lehrerinnen und Lehrern innerhalb des Kollegiums, es muss etwas geschehen, wenn unsere Schule überleben soll, gepaart mit der Suche nach neuen pädagogischen Ansätzen führte in der Karl-Liebknecht-Schule zuerst einmal dazu, auf das Konzept „Integration Behinderter“ zu setzen. Aber bald kam die Beschäftigung mit der Montessori-Pädagogik hinzu und es zeigte sich, dass dieser Ansatz weiter trug. Sicherlich war es auch eine Hilfe, sich bei der Suche nach einem neuen pädagogischen Konzept an der vielfach bewährten Montessori-Pädagogik zu orientieren, denn sie war Eltern und Lehrern mindestens dem Namen nach bekannt und es war leichter, den eigenen Weg in der Auseinandersetzung mit einem bestehenden System zu suchen als aus dem Nichts heraus eine völlig „neue Schule“ zu entwerfen und Lehrern, Eltern und Schülern das Neue, aber noch Unbekannte zu vermitteln. Die Eltern stimmten der Bildung einer Montessori-Klasse zu und aus einer wurden im Laufe der nächsten Zeit mehrere Klassen und schließlich wurde die ganze Schule zu einer Montessori-Schule, ein Prozess, der besonders in der Übergangszeit für alle Beteiligten sehr schwer war.

Aber gerade in Potsdam, wo durch die Nähe Westberlins ehemaliges Ost und ehemaliges West so stark übereinanderlappen, erwies sich die Neuorientierung der Schule Nr. 22 als zukunftsträchtig. Wir erfuhren bei unserem Besuch, dass die Existenz dieser Schule mittlerweile zu einem Standortvorteil für Potsdam geworden sei, weil manche berufsmäßig auf Arbeitsplätze nach Potsdam verschlagene Eltern ihre Zustimmung zu einem Ortswechsel davon abhängig machen, dass ihre Kinder auf die Montessori-Gesamtschule gehen können.

Natürlich braucht man für ein solches Projekt Lehrer, die Mut zur Veränderung haben, aber mindestens ebenso wichtig sind aus unserer Sicht Personen, von denen die Initiative zur

Veränderung ausgeht. Da war es ein Glücksfall, dass Ulrike Kegler nach der Wende als abgeordnete Lehrerin aus Westberlin an diese Schule kam, dass sie hier Chancen für eine pädagogische Selbstverwirklichung sah und dass sie die Chancen genutzt hat, ihre pädagogischen Träume zu formulieren und mit Kolleginnen und Kollegen umzusetzen. Aber auch das allein hätte nicht gereicht, wenn sich nicht ein Kollegium entwickelt hätte, das die Visionen teilt und mit umsetzt sowie eine Schulverwaltung, die diesen Transformationsprozess mit trägt und unterstützt. – Ministerien sind viel besser als ihr Ruf, sie sind deutlich offener für Neues als viele Lehrerkollegien. – Die Umorientierung des Kollegiums war für alle Beteiligten kein leichter Prozess und war, wie wir berichtet bekamen, mit viel zusätzlicher Arbeit verbunden. Schließlich musste man sich mit dem besonderen Ansatz der Montessori-Pädagogik vertraut machen. Alle vier Wochen traf man sich Freitagnachmittags für vier Stunden zu einer schulinternen Fortbildung. Die Kolleginnen entschieden sich freiwillig dafür, ob sie mitmachen wollten. Manche der langjährigen Lehrer waren dazu nicht bereit und haben die Schule verlassen, andere kamen dazu, weil das Experiment sie reizte und so sind es noch sieben von den derzeit 33 Lehrerinnen, die aus der alten Karl-Liebknecht-Schule übriggeblieben sind. So sehr man als Lehrer anfangs auch über die zusätzliche Arbeit in der Übergangsphase und der Einarbeitungszeit in eine neue Form von Schule stöhnen mag, am Ende merkt man, dass das persönliche Wohlbefinden und die Zufriedenheit wächst, wenn die Arbeit Spaß macht, weil sie „unentfremdet" geleistet werden kann. So arbeiten die Lehrer mit großem Engagement an sich selbst und an der Optimierung des selbstgewählten Systems, gehen nach wie vor regelmäßig auf pädagogische Exkursionen um zu lernen (z.B. nach Bielefeld oder in diesem Jahr nach Finnland in eines der PISA-Siegerländer) und bilden sich ständig in unterschiedlichen Workshops und Kursen fort. Dass es ohne das nicht geht, zeigt auch der Blick auf andere Schulen der besonderen Art, aber ähnlich wie bei Montessori-Gesamtschule Potsdam würde kaum einer mit Kolleginnen und Kollegen an „normalen Schulen" tauschen wollen. Das gilt übrigens auch für die meisten Schüler und für viele Eltern.

5. Anders lernen: Fragen an eine reformorientierte Didaktik

Dass jeder Schüler anders lernt, ist eine Binsenweisheit. Dass jede Lerngruppe heterogen ist, ebenfalls. Und jeder, der einmal unterrichtet hat, weiß davon ein Lied zu singen – wenn er ehrlich ist und genau hinschaut. Der Königsweg der pädagogischen Theorie heißt in solchen Fällen innere Differenzierung. Ebenso weiß aber jeder, dass dies in der praktischen Realisierung fast einer Quadratur des Kreises gleichkommt. Wenn wir jedoch die Leistungen und die fachlichen Standards unserer Schulen verbessern wollen, ist in erster Linie ein erneuerter und effektiverer Unterrichtsstil gefordert: Es muss individualisiert statt im Gleichschritt unterrichtet werden. Die Potsdamer Montessori-Gesamtschule hat nun ein vielfältiges methodisch-didaktisches Instrumentarium realisiert (und z.T. entwickelt), das darauf zu reagieren versucht und das für andere sowohl Anregungen gibt als auch insgesamt wichtige schulpädagogische Fragen aufwirft. Das auf die geschilderten pädagogischen Grundlagen zurückzuführende didaktische Konzept verfolgt „ein angemessenes Verhältnis von Offenheit und Struktur" (S. 13). Wesentliche methodisch-didaktische Elemente der Potsdamer Montessori-

Gesamtschule sind Freiarbeit, Projektarbeit, Lektionen, Gesprächskreise und ein gestaltetes Schulleben. Hinzu kommen – leider immer noch nicht selbstverständlich – außerschulische Lernorte sowie die Gleichberechtigung praktischen (handwerklichen) Lernens neben intellektuellem und sozialem Lernen. Eine solche Methodenvielfalt ist ein wesentliches Merkmal guter und erfolgreicher Schulen.

Diese reformpädagogische Methodik und Didaktik ist aus zahlreichen historischen und aktuellen Reformschulen bekannt und bereits vielfach beschrieben worden, auch im vorliegenden Bericht. Über den Sinn und die Effizienz solcher offener Methoden neben den klassischen Lektionen, die selbstverständlich auch ihre Berechtigung haben, braucht man heute nicht mehr zu diskutieren. Er liegt auf der Hand und wurde bildungshistorisch bereits vielfach unter Beweis gestellt (vgl. etwa die im Archiv der Odenwaldschule lagernden Schüler-, Semester- und Abiturarbeiten). Dennoch rufen diese Methoden in der pädagogisch interessierten Öffentlichkeit immer wieder Zweifel hervor. Lernen die Kinder denn wirklich etwas, wenn die Durchführung des Unterrichts in ihren und nicht in den didaktisch geschulten Händen der Lehrer liegt? Profitieren gerade in heterogenen Gruppen nicht ohnehin leistungsstarke und motivierte Kinder viel eher von solchen offenen Unterrichtsformen als schwächere, weniger motivierte und Kinder mit Lernschwierigkeiten? Werden die Leistungsschwachen hier wirklich entsprechend gefördert, ohne dass die Leistungsstarken vernachlässigt werden?

Diese Fragen sind selbstverständlich berechtigt. Pädagogische Vorurteile und Ideologien verstellen allerdings oft den Blick auf die Realitäten. Ein genauerer Blick würde nämlich offenbaren, dass gerade ein solch offener Unterricht eine besonders konsequente Begleitung, Beratung, Rückmeldung und Betreuung der Schüler durch die Lehrer ermöglicht und erfordert und damit einen wirklichen Lernprozess in Gang setzen kann. Gerade Schwächere brauchen beim Erwerb der Methodenkompetenzen, ohne die offener Unterricht nicht gelingt, Anregung, Unterstützung und Hilfestellung.[7] Diese Betreuung ist zwangsläufig intensiver als im lehrerzentrierten Klassenunterricht und daher langfristig effektiver. Allerdings: sie braucht Zeit und sie muss auch stattfinden! An dieser Stelle zeigt sich dann sehr genau die Qualität einer offen arbeitenden Reformschule. Denn nur wenn die Lehrer die Freiheiten, die sie den Schülern gewähren, nicht, wie das gelegentlich in der Öffentlichkeit geschieht, mit Beliebigkeit verwechseln, nur dann kann ein solcher Unterricht auch effektiv sein, sowohl in Bezug auf die zunehmende methodische Selbstständigkeit der Schüler als auch in Bezug auf ihre fachlichen Qualifikationen. Hier zeigt sich, wie komplex die Rolle des Lehrers an einer solchen Reformschule ist, wie zentral und wichtig er bzw. sie ist, auch wenn er/sie dem hospitierenden Beobachter eher als Randfigur im Unterricht entgegentritt (vgl. dazu auch Punkt 6 dieses Kommentars).

Aber auch unabhängig von einer solchen Lehrerrolle und von solchen offenen Unterrichtsmethoden zeigt ein neuer empirischer Vergleich der Leistungsentwicklung von Hamburger Haupt- und Realschülerinnen in nicht integrierten und integrierten Schulsystemen, dass allein schon „die Aufrechterhaltung heterogener Lerngruppen […] eine wesentliche Bedingung für eine effektivere Förderung leistungsschwacher Schülerinnen und Schüler“ ist und dass dies „keine negativen Auswirkungen auf die Entwicklung leistungsstarker Schülerinnen und

[7] Die Potsdamer Montessori-Gesamtschule versucht dies durch spezielle Kurse für Quereinsteiger und Schüler mit Lernschwierigkeiten aufzufangen (vgl. S. 22).

Schüler hat".[8] Dieses Ergebnis lässt sich in der Bedeutung für die Entwicklung unseres Bildungssystems gegenwärtig sicher noch nicht voll ermessen. Fakt ist, dass die Potsdamer Montessori-Gesamtschule seit Jahren schon auf genau dieser Grundlage arbeitet.

Wenngleich die Freiarbeit nicht die einzige Unterrichtsmethode der Potsdamer Montessori-Schule ist, so ist sie doch das „Herzstück des Schulkonzepts und das Fundament für alle weiteren pädagogischen Maßnahmen" (S. 13). Davon konnten wir uns auch bei unserem Besuch überzeugen. Sämtliche Klassentüren standen offen, überall herrschte Betriebsamkeit, aber auch Konzentration. Die Schüler bewegten sich im Gebäude, arbeiteten hier, holten sich Informationen dort, fragten die Lehrerinnen um Rat oder arbeiteten mit anderen Schülern in Gruppen zusammen. Die Lehrerinnen hatten zwischendurch immer wieder Zeit und Gelegenheit, sich mit uns über ihren Unterricht und ihre pädagogischen Grundlagen zu unterhalten – es sei denn, es kam gerade ein Schüler und fragte nach Hilfe oder Unterstützung. Dann waren wir als Besucher zum Glück sofort wieder nebensächlich. Vieles, was traditionell der methodischen Feinmechanik der Lehrer vorbehalten blieb, wird bei einem solchen Unterricht in die Hände der Lernenden selbst gelegt und damit in die Verantwortung der Schüler übertragen. Damit trotzdem Verlässlichkeit an die Stelle von Zufälligkeit und Beliebigkeit tritt, hat die Montessori-Gesamtschule Potsdam seit diesem Schuljahr ab der vierten Jahrgangsstufe ein sogenanntes „Pensenbuch" eingeführt, das nach einer Anregung aus Wien selbst entwickelt wurde. In diesem Buch, dessen Inhalt man vielleicht mit einem Ausbildungsvertrag vergleichen kann, sind wesentliche normative Lernziele der Lerngruppe sowie individuelle Lernziele festgehalten (vgl. S. 13). Sowohl die Schüler als auch die Lehrer führen ein solches Pensenbuch, das dann die „Grundlage des Lernens ohne Noten" (S. 22) und damit eine echte Alternative zum traditionellen Notenbuch bildet. Die Pensenbücher dienen zur individualisierten Dokumentation sowie zur Bewertung und Beratung der Schülerleistungen, ermöglichen also einen Lernprozess, der ganz auf den einzelnen Schüler abgestimmt ist. Allerdings: So sehr eine solche Verlässlichkeit und Ernsthaftigkeit der Ausbildungsschritte auch zu begrüßen ist, so wenig überzeugt es, dass die Pensenbücher der Schüler lediglich fachliche Lernziele und Leistungen dokumentieren. Wo bleibt da der erweiterte, und wir fügen hinzu: dynamische Leistungsbegriff, der aus den pädagogischen Grundlagen der Montessori-Gesamtschule folgt (vgl. S. 23)? Werden soziale Lernziele oder methodische Lernziele (z.B.: „Ich kann ein Projekt alleine planen und durchführen." – „Ich weiß, wo und wie ich mir die notwendigen Informationen beschaffen kann." – „Ich kann inzwischen auch schwierige Texte verstehen und bewerten." – „Ich kann meinen Mitschülern helfen und ihnen schwierige Zusammenhänge erklären.") nur in den Pensenbüchern der Lehrer oder überhaupt nicht dokumentiert? Warum geht das Vertrauen in die Selbstentwicklungskräfte der Schüler nicht so weit, dass man sie auch über solche Lernziele reflektieren und Rechenschaft ablegen lässt? Schaut hier etwa der große Bruder aus Pisa über die Schulter? Mögen diese Fragen anregen zur Evaluierung der in der ersten Phase der Erprobung befindlichen Pensenbücher.

[8] Vieluf, Urich: Heterogenität als Chance? Ein Vergleich der Leistungsentwicklung von Haupt- und Realschüler(inne)n in nicht integrierten und integrierten Systemen. In: Pädagogik, 55 (2003), 3, S. 34–38, hier S. 35.

Ebenso stellt sich uns die Frage, warum der Schulversuch vorsieht, in den Klassen 9 und 10 von der Altersmischung abzusehen? Die Autorinnen begründen dies damit, dass sich die Schüler dieser Jahrgangsstufen auf die Schulabschlüsse der Sekundarstufe I, den Übergang in die Sekundarstufe II oder den Übergang in eine Berufsausbildung vorbereiten, wodurch neue Anforderungen an sie gestellt würden (vgl. S. 10 und 32). Viel mehr erfahren wir dazu nicht. Sind dies wirklich hinreichende Gründe für einen Wechsel von der Altermischung zur Jahrgangsklasse sowie für eine verstärkte Lektionenarbeit? Wie groß ist das Vertrauen in die eigenen didaktischen Konzepte eines offenen Unterrichts, wenn man vor dem Abschluss der Sekundarstufe I doch wieder zu traditionelleren Formen zurückkehrt? Kann sich nicht gerade in dieser Alters- und Entwicklungsstufe der Jugendlichen die Fruchtbarkeit der bislang vorherrschenden Ansätze zeigen? – So, wie es interessanter-, aber widersprüchlicher Weise von den Autorinnen auch geschildert wird (vgl. S. 10). – Zugegeben, der Übergang zu weiterführenden Schulen stellt seit jeher ein Problem reformorientierter Schulen dar. Man muss sich an staatliche Vorgaben halten, um den Schülern möglichst viele Lebenschancen offen zu halten. Doch sollte man wirklich den Fehler früher Reformschulen wiederholen, am Ende der Schulzeit noch schnell einen Crashkurs anzubieten, damit alle das Klassen- und Stufenziel erreichen? Dass der Schulabschluss eine wichtige und herausgehobene Bedeutung haben muss, ist genauso unstrittig wie die Tatsache, dass jeder Schüler in Abschluss- und Übergangsphasen seine Leistungen und Fähigkeiten demonstrieren sollte. Allerdings gibt es dabei durchaus unterschiedliche Prüfungsformen; pädagogisch sinnvolle und pädagogisch weniger sinnvolle. Insofern ist es sicher vernünftig investierte Zeit und Energie, für eine Fortsetzung und Erweiterung des ministeriell genehmigten Potsdamer Schulversuches auch in diesem Bereich über alternative Formen nachzudenken.
Ähnliches gilt für den Wechsel von Verbalbeurteilungen zu Ziffernzeugnissen in diesen Jahrgängen. Warum wird nicht beides miteinander verbunden? Auch hier wäre eine erweiterte Genehmigung des Schulversuches wünschenswert. Die jahrzehntelang erprobte Praxis der Odenwaldschule etwa hält für die Kombination von Lernberichten und Ziffernnoten viele Anregungen bereit. Das Vertrauen in die eigene didaktische Konzeption braucht sich u.E. auch hier nicht zu verstecken. Zugegeben: die Wirklichkeit ist nicht schwarz oder weiß, sondern grau. Und auch in den Klassen 9 und 10 gibt es sicherlich weiter die bewährten offenen Unterrichtsformen. Doch sie haben einen anderen (untergeordneten?) Stellenwert. Vielleicht fallen auch deshalb die Aussagen zu den Übergängen in weiterführende Schulen oder Berufsausbildungen, zur Arbeit in den Klassen 9 und 10 im vorliegenden Bericht so knapp aus, weil die Montessori-Gesamtschule Potsdam hier noch auf der Suche ist und diese Jahrgänge bislang nicht in dem Maße in die Versuchsarbeit dieser Regelschule eingebunden waren wie die übrigen Jahrgänge. Schließlich entlässt sie im Schuljahr 2002/2003 auch zum ersten Mal eine zehnte Klasse. Zeigen sich nicht gerade hier die Leistungen und die Relevanz einer reformorientierten Didaktik?
Ungeachtet dieser Anfragen wird im vorliegenden Bericht nämlich deutlich, dass die Schüler selbst ihre Arbeitsweise und damit die Ernsthaftigkeit ihres Lernprozesses sehr bewusst registrieren. Davon konnten wir uns auch bei unserem Besuch in verschiedenen Gesprächen mit Schülern überzeugen. Bei ihrer zweifellos unterschiedlichen Akzentuierung zeigen auch die nun hier veröffentlichten Schülertexte (S. 41–45), dass die Schüler die reformierte Unterrichtsarbeit als solche zur Kenntnis nehmen und über sie reflektieren können. Für

Reformschulen, an denen die Reform *mit* den Schülern gemacht wird, ist dies keineswegs ungewöhnlich.[9] Unseres Erachtens ist eine solche Reflexion der Schüler für ein Gelingen der Reform unverzichtbar. Nehmen wir z.B. den Text von Tim H. über sein letztes Projekt (S. 42). Sind seine Ausführungen nicht das beste Argument für einen offenen Unterricht? Er weiß ganz genau, was er warum und wann tat und konnte sich auch sicher sein, dass seine Arbeit ernsthaft zur Kenntnis genommen wird, nicht nur von der Lehrerin, sondern von der gesamten Lerngruppe bzw. der Schulgemeinde. Er konnte seinen Arbeitsrhythmus selbst bestimmen – man braucht nicht extra zu erwähnen, dass offener Unterricht sich nicht in das traditionelle 45-Minuten-Schema pressen lässt – und hat das offensichtlich sehr genossen. Wir kennen keinen Grund, warum man solche Lernerfahrungen nicht allen Schülern ermöglichen sollte. Denn diese Erfahrungen sind für den Lern- und Reifeprozess viel zentraler als etwa die zehnte Lektion über die Ständegesellschaft. Die in der Freiarbeit, dem „Herzstück", entwickelte Methodenkompetenz des Schülers kommt hier zur Entfaltung. Und sicher weiß Tim ganz genau, wie er an Informationen über die Ständegesellschaft herankommt und wie er sie zu bewerten hat, wenn er sie denn wirklich braucht und nicht weil es der Lehrplan vorsieht.

Ein letzter didaktischer Kommentar: Die Arbeit der Schüler wird im vorliegenden Bericht auch durch Fotos aus dem Schulalltag aussagekräftig dokumentiert. Hier fällt uns besonders das Bild des Jungen im Rollstuhl auf. Er sitzt vor dem Computer und tippt einen Text, während im Hintergrund zwei weitere Jungen zu sehen sind, die sich mit etwas völlig anderem beschäftigen. Durch den Teppichboden, die gelben Gardinen, die Pflanzen und die Schülerbilder an der Wand vermittelt der Raum einen behaglichen Eindruck, der überhaupt nicht an eine Unterrichtsanstalt erinnert. Der Junge ist so auf seine Arbeit konzentriert, dass er den Fotografen gar nicht wahrnimmt. Er schult nicht nur seine intellektuellen Fähigkeiten (als weiteres Arbeitsmittel liegt ein Buch auf dem Tisch), sondern auch – für Menschen mit Körperbehinderungen unverzichtbar – seine motorischen Fähigkeiten, während er tippt. Sicher lernt er durch diese Arbeit Kompetenzen, die ihm in vielen anderen (Lern-) Situationen wieder zu Gute kommen. Und den eigenen Text gedruckt zu sehen, ist stets etwas Besonderes. Hier ist integrative Pädagogik und offener Unterricht also in unterschiedlichen Facetten zu beobachten. Und allein dieses Foto unterstreicht ihren Sinn und ihre Notwendigkeit. Denn wie unverkrampft auch der Umgang mit Behinderung an der Potsdamer Montessori-Schule erfolgt, durften wir ebenfalls bei unserem Besuch erleben, z.B. während der Pause auf dem Schulhof. Das ohnehin an der Montessori-Gesamtschule positiv besetzte „Helfen" erhält auf diese Weise noch eine ganz andere und notwendige Dimension.

---

[9] Das lässt sich auch historisch belegen: vgl. z.B. für eine ländliche Versuchsschule der Weimarer Republik Link 1999 (wie Fußnote 4); oder für eine höhere Reformschule, die Schulfarm Insel Scharfenberg in Berlin: Haubfleisch, Dietmar: Schulfarm Insel Scharfenberg. Mikroanalyse der reformpädagogischen Unterrichts- und Erziehungsrealität einer demokratischen Versuchsschule im Berlin der Weimarer Republik. 2 Bde. Frankfurt/M. u.a. 2001. – Auch die Abiturakten der Odenwaldschule aus den 1950er und 1960er Jahren belegen dies in den handschriftlichen Abiturmeldungen der Abiturienten (vgl. z. B. Archiv der Odenwaldschule, Nr. 879).

6. Zur veränderten Lehrerrolle

Dass die Lehrerinnen – denn bis auf eine Ausnahme sind es in der Tat Frauen (!) – an der Montessori-Gesamtschule Potsdam anders arbeiten als viele Kolleginnen und Kollegen an Regelschulen, ist im Zusammenhang mit der reformorientierten Didaktik schon deutlich geworden. Sie sind nicht mehr das alles regierende und regulierende Zentrum des Unterrichts, sie haben im Unterricht Zeit, werden zum Initiator, Moderator, Berater, helfenden Begleiter und Förderer. Und damit steigt ganz offensichtlich auch die Berufszufriedenheit der Kolleginnen. Diesen Eindruck vermitteln zumindest die hier veröffentlichten Erfahrungsberichte aus dem Kollegium. Hinter dieser veränderten Lehrerolle mag neben der höheren Berufszufriedenheit sicher auch der alte reformpädagogische Traum stehen, sich als Lehrer überflüssig zu machen. Manche Träume sollten indes stets Träume bleiben. Denn gerade offene Unterrichtsformen zeigen, dass der Lehrer alles andere als überflüssig ist. Er bzw. sie wird im Gegenteil noch viel wichtiger als zuvor. Denn Lektionen kann man auch durch interaktive, elektronische Lernplattformen erteilen. Pädagogische Diagnostik, die Begleitung und Beratung von Lernprozessen, das Arrangieren von Lernumgebungen jedoch nicht.
Mag manch ein Kollege die Potsdamer Kolleginnen aufgrund ihres entspannten Unterrichts und der dadurch scheinbar gewonnenen Zeit erst einmal beneiden, in Wirklichkeit bedeutet eine solche Struktur der Lehrertätigkeit erhebliche Mehrarbeit. Wer die Schule neu denken und realisieren will, kommt daran nicht vorbei. Pädagogische Gespräche mit Schülern, Kollegen und Eltern, Teamsitzungen, pädagogische (!) Konferenzen, Fortbildungen, Austausch mit der wissenschaftlichen Begleitung, Betreuung von Hospitanten, die Entwicklung von Lernmaterialien, die Anfertigung der Berichte – all dies verschlingt Zeit und Energie. Auch braucht man in solchen Reformkontexten – selbst wenn einem Schulverwaltung, Schüler, Eltern und Kollegen wohl gesonnen sind – viel Geduld und eine hohe Frustrationstoleranz. Denn nicht alles gelingt auf Anhieb oder konfliktfrei. Umwege oder Rückschläge sind unvermeidbar. Auch davon handelt der Bericht. Und dennoch wird all dies überwiegend gerne in Kauf genommen, denn der Lohn ist die genannte höhere Berufszufriedenheit und eine Erweiterung der eigenen Kompetenzen sowie ein effektiverer, individualisierter Unterricht. Das ist nicht neu, aber immer wieder erstaunlich – und hoffnungsvoll.
Unverzichtbar sind an Reformschulen wie der Potsdamer Montessori-Gesamtschule auch erweiterte Kompetenzen in der pädagogischen Diagnostik und Beratung sowie die Bereitschaft, sich für Teamarbeit zu öffnen und zu engagieren. Beides ist in vielen Kollegien noch nicht sonderlich weit entwickelt. Auch dies ist durch die PISA-Studie deutlich geworden. Hier haben vor allem die Lehrerbildungsinstitutionen einen erheblichen Nachholbedarf in der Ausbildung künftiger Lehrer zu erfüllen. Reformschulen können für diese Kompetenzerweiterungen und für diesen Einstellungswandel Beispiele geben. Sollte ich nicht gerade als Lehrer stets bereit sein, meine Karten auf den Tisch zu legen, meine Arbeit und meine pädagogischen, meine didaktischen Kriterien offen legen, um meinen Unterricht im Dialog mit anderen zu verbessern? Jeder, der schon einmal in einem Lehrerteam gearbeitet hat, weiß, dass die Umstellung zunächst einmal schwer fällt. Jeder weiß aber auch, dass Teamarbeit längerfristig keine *Be*lastung, sondern eine *Ent*lastung bedeutet. Die so gewonnenen geistigen Freiheiten und Kompetenzerweiterungen kommen dann schließlich auch den Schülern

zu Gute. Im besten Sinne wird der Lehrer so zum Lernenden („teacher as learner“, S. 72; vgl. auch den Bericht von Kristine Göhlich, S. 61–62). Denn nicht nur für die Schüler gilt, dass „damit an die Stelle der Konkurrenz eine leistungsfördernde Kooperation tritt“ (S. 12). Daher ist es besonders erfreulich, dass ein stetig wachsender Strom von Hospitanten (Lehramtsstudenten und Lehrer) in die Montessori-Gesamtschule drängt, um u.a. durch Beobachtung zu lernen, dass Schule eben auch anders funktionieren kann.
Eine Besonderheit der Potsdamer Montessori-Schule darf jedoch nicht unerwähnt bleiben. Hier hat sich nämlich in der Nach-Wende-Zeit ein Kollegium auf den Weg zu einer neuen Schule gemacht, das dem vorurteilsbeladenen Geschwätz von „Ossis“ und „Wessis“ einen konstruktiven Spiegel vorgehalten hat. Trotz vieler struktureller Veränderungen und Neuzusammensetzungen haben sich hier engagierte Pädagoginnen aus Ost und West zusammengefunden, denen nicht nur eine bemerkenswerte Integrationsleistung unterschiedlicher Traditionen und Voraussetzungen gelungen ist, sondern die dabei auch noch eine neue Schule geschaffen haben, die pädagogische Beachtung verdient. Solche Joint-ventures gibt es viel zu wenige. Zu wünschen wäre allerdings, dass auch staatliche Schulen ihre Personalhoheit erhalten. Auch das kommt letztlich wieder den Schülern zu Gute.

7. Schluss: Das Leben ist eine Baustelle – die Schule auch

Der Bau eines Hauses braucht Zeit, Geduld und Sachverstand. Nicht immer lässt sich alles so realisieren, wie es der Architekt geplant hat. Jeder Bau ist ein wechselhafter Prozess mit unvorhergesehenen Ereignissen und Entwicklungen. Doch wenn das Fundament stimmt, machen Veränderungen an Ausführung oder Ausstattung nichts aus. Vielmehr bereichern sie das Gebäude und mit jedem Bauabschnitt lernen die Bauherren Neues hinzu. Manchmal sogar Dinge, an die sie vorher noch keinen einzigen Gedanken verschwendet hatten.
Ein Haus des Lernens zu errichten, braucht sogar noch viel mehr Zeit und außerdem flexible Kreativität innerhalb der verschiedenen Bauabschnitte. Denn Lernen braucht grundsätzlich Zeit. Und so, wie sich heute offene und transparente Häuser bauen lassen, Häuser, die dort, wo man früher Wände einzog, bewusst Lücken lassen, so braucht auch ein Haus des Lernens den Mut zur Lücke. Didaktisch gewendet heißt dieser Mut zur Lücke dann Mut zur Gründlichkeit. Nicht vieles ein wenig, sondern weniger dafür genau. Exemplarisch eben. Diese Idee ist natürlich nicht neu, aber immer noch eher eine Planungsidee, immer noch eher Rhetorik als Realität. In diesem Kontext möchten wir abschließend einige Anregungen geben, die den reformorientierten Ausbau der Sekundarstufe I der Potsdamer Montessori-Gesamtschule vielleicht begleiten können. Denn während die Primarstufe ihr Reformpotenzial in vielen Bereichen schon eindrucksvoll entwickelt und unter Beweis gestellt hat, gibt es im Bereich der Sekundarstufe I unseres Erachtens noch Entwicklungs- und Ausbaubedarf.
Hauptsächlich beziehen sich unsere Anmerkungen auf die Arbeit in den Jahrgangsklassen neun und zehn. Wir verstehen sie als Denkanstoß und Anregung im Rahmen einer längerfristigen Versuchsschularbeit, wie sie von der Potsdamer Montessori-Schule geplant wird. Wenn wir dabei auch auf die Erfahrungen der Odenwaldschule rekurrieren, so sollten diese Hinweise nicht als einfach übertragbares Modell missverstanden werden. Denn die Odenwaldschule arbeitet als Schule in freier Trägerschaft, als Schule mit langer Tradition, als Landerziehungs-

heim mit Internat und als Gesamtschule mit gymnasialer Oberstufe unter anderen Bedingungen als die Potsdamer Montessori-Schule, die nach wie vor eine öffentliche Regelschule bis zur Klasse 10 ist und lediglich aufgrund der ministeriell genehmigten Versuchsarbeit pädagogische Alternativen erprobt und evaluiert.
Während in den unteren Jahrgangsstufen der Montessori-Gesamtschule in Potsdam altersgemischt, überwiegend frei und in Projekten gearbeitet wird, nehmen in den beiden letzten Jahrgangsstufen gebundenere Unterrichtsformen einen breiteren Raum ein. Sicher findet das aufgrund der höheren fachlichen Anforderungen, aufgrund der anstehenden Übergänge und Abschlüsse sowie unter Berücksichtigung der Bedingungen des Schulversuches seine Berechtigung. Aber ist dies alternativlos? Wäre nicht auch eine Struktur denkbar, die die Altersmischung sowie die bisherigen didaktischen Elemente auch in diesen Jahrgängen verstärkt ermöglicht und gleichzeitig eine erhöhte fachliche Konzentration realisiert?
Über notwendige Erfahrungen mit altergemischten Gruppen verfügt die Montessori-Pädagogik ja schließlich selbst und benötigt insofern hier nur wenige Anregungen. Auch ist ihr die individualisierte und gleichzeitig dialogische Auseinandersetzung mit der Sache und nicht das Lernen im Gleichschritt ein zentrales pädagogisches Anliegen. Dies ist einmal ein Mittel, um auf die Unterschiedlichkeiten der Schüler eingehen zu können, und gleichzeitig ein Mittel, um dieser Heterogenität gerecht zu werden. Die Montessori-Pädagogik ist insofern in der Lage „loszulassen". All dies könnte doch aufgegriffen und zugleich erweitert werden. Denn es gibt durchaus Beispiele dafür, die der Potsdamer Montessori-Schule Mut für die nächsten Schritte machen könnten. So unterrichtet z.B. die Odenwaldschule auch in der gymnasialen Oberstufe seit Jahrzehnten altersgemischt und zeigt, dass dies auch in höheren Jahrgängen erfolgreich möglich und sinnvoll ist. Das Kurssystem der Odenwaldschule wurde sogar ganz bewusst unter den Bedingungen der Altermischung als Lernanreiz – ein altes Thema der Pädagogik – bereits 1913 aufgebaut[10] und dann im Laufe der über 90jährigen Schulgeschichte weiterentwickelt. Aus dem Kursangebot, das wie die Seminare an Universitäten beschrieben und präsentiert wird, suchen sich die Schüler heute dort nach ihren fachlichen Interessen, ihren Leistungsschwerpunkten und in Rücksprache mit dem Laufbahnberater die Kurse aus, die sie in der nächsten Epoche (Tertial) belegen möchten. Parallel zu diesen Kursen schreiben sie auch eine größere Arbeit, eine sogenannte Semester- bzw. Tertialarbeit, die sie an Grundlagen wissenschaftlichen Arbeitens heranführt. Ließen sich in variierender Anlehnung an dieses System nicht auch Lerneinheiten für die Klassen 9 und 10 konzipieren, die die Schüler dann nach fachlichem Interesse und nicht getrennt nach Jahrgangsstufen belegen? Methodisch könnten solche Einheiten möglicherweise als Lernzirkel (Stationenarbeit) aufbereitet werden. Denn auf diese Weise kämen sowohl die methodischen Kompetenzen der Schüler zur Entfaltung, die sie bis dahin erworben haben, als auch eine intensive Auseinandersetzung mit dem Lerngegenstand. Die Lehrer könnten bei dieser halboffenen Methode wiederum begleiten und beraten und vor allem für ein vertieftes Verständnis des Gegenstandes durch anspruchsvolle Materialien und vor allem durch leistungsorientierte Rückmeldungen Sorge tragen. Sie verbinden die individualisierte Stationenarbeit auch mit Plenumsphasen, die zentrale Fragen vertiefen, klären und auch fachliche Arbeitsergebnisse präsentie-

[10] Vgl. Erdmann, Otto: Die Arbeitsorganisation der Odenwaldschule. In: Dietrich, Theo (Hrsg.): Die Landerziehungsheimbewegung. Bad Heilbrunn 1967, S. 99-104.

ren. Wiederum würde die Heterogenität solcher Lerngruppen zur Förderung leistungsschwächerer und zur Forderung leistungsstärkerer Schüler beitragen. Dies könnte ein methodisch-didaktisches Element sein, das die bewährten Formen aufgreift, weiterentwickelt und das für ältere Schüler vielleicht zu Spielerische der Freiarbeit auf eine andere Stufe stellt sowie den gestiegenen fachlichen Anforderungen Rechnung trägt. Wir begrüßen in diesem Zusammenhang die alternativen Prüfungs- und Bewertungsformen – etwa Gruppenprüfungen, Präsentationen, Portfolios – die die Abschlussprüfungen der Sekundarstufe I an der Montessori-Schule ergänzen. Sicher findet man im Ministerium offene Ohren, um aus dem Schulversuch eine auf Dauer gestellte Versuchsschule werden zu lassen, die sich gerade mit Blick auf die PISA-Ergebnisse auch diesen Aufgaben widmet.

Selbstverständlich braucht auch eine solche Veränderung selbst wieder Zeit und um eine wirklich vertiefte exemplarische Auseinandersetzung mit den Gegenständen zu ermöglichen auch viel Zeit für den eigentlichen Lern- und Arbeitsprozess. Doch da die Montessori-Gesamtschule plant, zum Schuljahr 2005/2006 eine verbindliche Form der Ganztagsschule einzuführen, sind die Voraussetzungen sicher günstig. Eine wichtige Aufgabe einer wissenschaftlichen Begleitung eines solchen didaktischen Versuches könnte dann die Frage der fachlichen Leistungsentwicklung und des fachlichen Kompetenzerwerbs der Schüler in solchen halboffenen Lernarrangements sein. Wird die individuelle Leistung und das fachliche Wissen (Stichwort „Leistungsstandards", Pensenbücher) der Schüler durch eine solche Arbeitsweise gesteigert? Welche Bedeutung und welche Formen haben dabei die Rückmeldungen der Lehrer an die Schüler? Wie lassen sich individuelle Lernfortschritte mit gestiegenen fachlichen überindividuellen Leistungsanforderungen verbinden? Dies könnten Fragen sein, die in Bezug auf die Heterogenität von älteren Lerngruppen, in Bezug auf individualisiertes Unterrichten und in Bezug auf die fachlichen Schulleistungen möglicherweise anregende Antworten geben.

Wünschenswert wäre es perspektivisch daher auch, wenn die Montessori-Gesamtschule noch stärker als bisher schon in die Lehrerausbildung mit einbezogen würde, um die traditionellen Bilder von Schule und Unterricht aufzubrechen und durch einen „schülerorientierten Bildungsansatz" (S. 71) wirksam über Alternativen und ein verändertes Unterrichten aufzuklären. Hier wäre die Einzelschule als lernendes System dann in einen größeren Zusammenhang gestellt. Der bislang stattgefundene konstruktive pädagogische Ost-West-Dialog findet so auch seine Fortsetzung auf einer Ebene, die zeigt, dass man an der Potsdamer Montessori-Gesamtschule keiner Reformlyrik, sondern einer Reformpraxis begegnet.

Unsere letzten Bemerkungen sollen den Schülern gelten. Bei unserem Besuch führte uns zeitweise ein Junge aus dem 5. Jahrgang in Hausschuhen (!) durch die Schule. Körperlich noch sehr klein, machte er zunächst einen eher schüchternen Eindruck. Doch nach unseren ersten tastenden Fragen nach seinem Namen und nach dem, was er gerade so macht in der Schule, sprudelte es aus ihm heraus. Mit einer bemerkenswerten Eloquenz erzählte er uns von der Freiarbeit, die ihm so viel Freude bereite, und zeigte und erklärte uns im Klassenraum dann die Materialien, mit denen er gerade arbeitete. Sein Mitteilungsbedürfnis schien überhaupt kein Ende zu finden. Es war schön zu realisieren, wie freudig und reflektiert auch ein so junger Schüler über seine Schule berichtete. Zufall? Wohl kaum. Denn zum Abschluss unseres Besuches konnten wir an einem Gesprächskreis der zehnten mit der sechsten Klasse teilnehmen. Auch hier zeigte sich das dialogische und pädagogische Klima der gesamten

Schule. Thema dieses Gespräches war der Übergang nach der sechsjährigen Grundschule. Die Zehntklässler sollten – ohne dass eine Lehrerin das Gespräch leitete oder lenkte – den „Kleinen“ über ihre Lernerfahrungen in der Sekundarstufe I der Montessori-Schule berichten; über das, was sich verändert, über das, was bleibt. Ebenso offen und interessiert wie die Sechstklässler fragten, antworteten die „Großen“, um Argumente aus erster Hand für die weitere Schullaufbahn der „Kleinen“ zu liefern. (Bleibe ich an der Montessori-Schule oder wechsle ich an eine Regelschule?) Die freien Gruppengespräche thematisierten nahezu alle pädagogischen Grundlagen der Montessori-Schule aus Sicht der Schüler. Im abschließenden Plenum wurden die Zehntklässler von den anderen dann nach ihren weiteren Ausbildungsplänen gefragt (Gymnasiale Oberstufe oder Berufsausbildung). Erwartungsgemäß fielen die Antworten sehr individuell und unterschiedlich aus, immer jedoch geprägt von einer bewussten Reflexion der geplanten Schritte. Auf unsere Frage an die „Abgänger“, ob sie sich durch die Montessori-Schule denn gut vorbereitet fühlten auf das, was jetzt kommt, oder ob sie vor den nächsten Schritten in ihrer Bildungskarriere vielleicht auch ein wenig Angst hätten, fasste ein Schüler die Antworten seiner Mitschüler in einer bemerkenswerten Gegenfrage zusammen: „Wovor“ fragte er, „sollen wir denn Angst haben?“ Dahinter stand seine Überzeugung – wie sich in einem späteren Gespräch herausstellte – durch die individualisierte Arbeit der Montessori-Gesamtschule seine eigenen Fähigkeiten genau kennen gelernt und entwikkelt zu haben. Deshalb werde er auch in anderen Kontexten zurecht kommen. Gibt es ein besseres Argument für einen schülerorientierten Bildungsansatz?